元華文創

未來教育

Future Education Teaching Futures

教育未來

未來從現在開始，能夠為未來做好準備的人，
將成為未來變革的推手，扮演關鍵性的角色。

蔡金田————

著

自　序

　　未來不是枯坐、等待未來的到來，而是從現在起必須迎向未來、想像未來、規劃未來、實踐未來，能夠為未來做最好準備的人，將成為未來變革的推手，並對他們周遭的環境產生積極的影響。

　　在全球化加速的推動下，我們正面臨前所未有的社會、經濟和環境以及科技急速發展的挑戰，與此同時，這些挑戰與變革，也正在為人類提供無數進步的機會。因此世界各國及區域組織也相繼推出未來教育政策，諸如聯合國推出「永續發展目標」、聯合國教科文組織推動「為未來而學習」、歐盟提出「做好未來學習變革準備」、世界銀行提出未來須具備的「四項關鍵能力」、經濟合作與發展組織提出 2030「學習架構」以及我國提出的「2030雙語國家政策發展藍圖」等，都希望在為來取得先機，培養新一代公民具備未來生存能力，展現國家整體競爭力。

　　就教育端而言，未來教育必將是集結教育工作者、家庭和其他公民，透過深化網絡能力及使用互動媒體，創建網路平台跨越組織或社區的界限，來協作和運用眾人的集體智慧，創新發展新的能力。未來教育必須擁有完善的網路科技設施，以及教育環境系統，協助每個孩子經由網路與實體教育等多元管道進行學習，獲得良好的教育；並應強調教育公平、正義與包容，以及以監測和評估學生的進步以及學校教育中教學策略的影響，落實教育公平與正義原則；必須開發和實施「研究與發展」的學校模組，針對學生設計多元課程與教學，滿足學生個性化的學習與需求；制定並實施績效責任，增強績效指標，妥適建置、運用數據以協助學校追求學習和成長；

成長；重視教師品質及建立優質師資養成教育，完善整體師資架構；重視
證據本位的研究，做好科研並有效實踐於教育現場；設計和運用數據技術
來提供和監控學生個性化學習計劃，並支持跨域的教育訪問與學習。

　　當前有關未來教育的論述與推動案例不多，在理論與實務現場的探查
尚在開發階段，國內除了相關雜誌作專題探討外，在學術界多為零星敘述
較多。因此，作者為克服文獻來源，乃積極蒐集並閱讀國外有關未來教育
相關文獻，包括理論探討、重大政策、與實際案例，奠定本書架構及其理
論基礎。

　　本著作之完成，短期最直接的研究貢獻，在為未來教育提供較完
整的論述，藉以強化學校全體教育人員具備未來教育應有的理念，並能在
相關理念的導引下，改變既有心智模式、觀念與態度，並能透過終身學習
的理念，更新與強化本身專業能力，以及將能力逐步落實於學校教育實踐，
諸如運用數位化科技、跨域及跨界的整合能力，有效運用於學校行政、課
程教學、學生學習等教育事務。而最終之長期貢獻，則在未來教育理念的
建構基礎上，持續協助學校因應未來急速變遷經濟、社會與資訊發展的挑
戰，超前部署、研擬策略，建立學校永續經營與發展的基礎，進而培養學
生具備未來生存與競爭的能力，期盼能藉由此教育火花的引線，引燃未來
教育，實踐教育的未來。

　　　　　　　　　　　　　　　　　　　　蔡金田 謹識

　　　　　　　　　　　　　　　　　　　臺灣南投縣
　　　　　　　　　　　　　　　　　　　國立暨南國際大學
　　　　　　　　　　　　　　　　　　　中華民國 110 年 9 月

目　次

圖　次

表　次

第一章　緒論

　　未來無法跳脫過去與現在，必須從過往與當前的足跡中方能走向未來。「想像未來、未來想像」，未來或不可預知，但卻可以想像。教育部（2009）在「未來想像與創意人才培育」中程計畫中，提出「未來想像」的用詞，以「想像力」、「創造力」以及「未來思考能力」來構築所謂的「未來想像」，希望能夠產生有創意的想像，進而創造出有價值的未來；芬蘭教育委員會（Finnish National Board of Education）認為，世界環境變動太快，學校應該教孩子未來生活所需，而不是提高考試分數所需，因此，芬蘭以教育者為核心，積極進行新課綱改革，改革重點著眼於如何培養孩子的「現實感」、「未來感」與「責任感」（天下雜誌，2015a）。陳以亨等人（2012）在「未來想像與未來教育」論述中提到，未來想像教育的內容，包含想像未來、考慮未來、選擇未來以及改變現在等四個不同階段，文中談到未來是想像出來的，因此「想像未來」是想像力最主要運作的階段；「考慮未來」應該加入了想像與創造力的元素，不僅是過去經驗的重置或組合，也有創意的發想與思考，共同將想像的未來更深入地進行考量；「選擇未來」係指教師在引導學生未來想像的過程中，教師本身以及學生對於價值的判斷與選擇，將是左右未來走向的重要決定因素；在「改變現在」方面認為，未來奠基於現在，可以改變的是現在而不是未來，但是藉由現在的改變，將有可能創造出自己所想要的未來。詹志禹、陳玉樺（2011）談到，想像就是將過去的經驗與記憶加以「加工」、「重組」、「轉化」與「延伸」的歷程，在當今關於教育、科技與社會關係的討論論述，儼然成為重要課題，教育工作

1

者應清楚思考、想像教育與未來之間關係，及其可能產生的影響，因為想像未來教育亦必須奠基於過去教育的發展，隨著時空、環境加速變遷的結果，在現有的證據基礎上去想像與規劃未來。

　　從上述政府政策的頒布與相關人員的論述可知，未來雖不可知，但卻可以透過想像，在植基於回顧過往、立足當前的基礎上，去預見未來的樣貌；它是一種解構、變革、轉化而產生新事物的過程，這種變革與轉化勢必會為學校教育帶來衝擊與抗拒，但卻是學校無法規避的事實與責任。然而，社會與科技的變革，似乎沒有為父母、學生和社區提供可以想像、創造替代性社會和教育前景的機會，更重要的是，它可能讓我們看不到未來幾十年的變化，也因此可能給民主、公平和永續發展帶來重大風險。但，眼前條件或許尚不成熟，但建構未來的願景已迫在眉睫，教育工作者、學生和社區與教育機構，應理解未來趨勢、社會與科技的關係、教育與科技的關係、教育與未來的關係，藉由探索在當代社會、科技變革中潛藏的各種未來，以及它可能帶來的風險和機遇，仔細思考這些趨勢可能帶來的影響，來逐步構築未來的願景，讓未來教育朝向更公平、民主和理想的方向前進。

一、迎接變革挑戰

　　「未來」從「現在」開始，為了提供未來所需的教育，我們如何重新思考、設計與實踐學校、課程和教學？乃當今面對社會環境變革必須思考的議題，正如林志成（2018）認為，為了培養學生的核心素養，學校不能再以單一學科知識作為學習的範疇，應積極推動跨領域統整與學習，強調學習者的主體性，重視學習者能夠運用所學於生活情境中。因此，面對未來教育這個重要議題的探討，將涵蓋多層面的領域知識，必須邀集來自教

育領域及其他領域的領先思想家根據廣泛的技術、文化和社會政治變革，來闡述他們對教育未來的看法，這種研討的目的不在提供「答案」，而是為了喚起廣大群眾能對教育系統提出問題，並給予更多關注，因為教育系統對現代社會的潛在發展趨勢有著實質的影響，與國家、社會整體發展息息相關。

在工業革命之前，教育和科技對大多數人來說幾乎無關緊要，但是在那個時代，當科技領先於教育時，很多人被拋在腦後，無法迎合時代需求，造成難以想像的社會痛苦。為了提供每一個孩子上學的機會，各國公共政策花了很長的時間從事教育的革新，雖然這個目標對某些人或國家來說仍然遙不可及，但時至今日，未來的教育需求已經遠遠超出了提供「更多相同」教育的目標，而是隨著全球化與資訊科技的發達，在傳統所謂相同教育之外，因蘊而生的是各國逐漸發展出不同的教育模式與特色。今日的數位革命，讓科技再次領先於教育，而那些沒有因應環境變革需求建構知識和技能的人，正在努力奮鬥力求生存。因此，未來市場需求與人力資源的養成，要從現在開始進行，擁有未來所需的知識與技能，才能自動轉化為更好的工作和更好的生活，而這種種的知識與技能有賴於前瞻的教育模式孕育養成。

在科技顛覆和快速自動化的時代，雇主需要擁有廣泛可轉移技能的人力，這些適應性技能包括創造力、解決問題的能力和批判性思考的能力，The Foundation for Young Australians（2017）談到，預計到 2030 年，作業人員在工作中學習的時間將增加 30%、解決問題的工作時間增加 100%、批判性思維時間增加 41%、使用科學和數學技能的時間增加 77%，使用口頭交流和人際關係技巧的時間增加 17%。這種應因應科技發展的人工智慧時代，社會對於所需人才的特殊性，影響學校教育人才的養成，今日的學校不再只是扮演為學生未來就業做準備，更應為不斷變遷與發展的社會，培育能終身學習、創新發展的人才做準備。在人工智慧時代，教育不再只

是傳統的「傳道、授業、解惑」，更需要激發學習者的好奇心與想像力、創造力以及批判性思維的能力，以實現個體的差異化，進一步實現精準化教育。在不連續性的時代，需要不斷的重新認識自己，重新塑造自己，在時代的變革中，仍然可以成為自己的主人。

楊國賜（2011）談到，「未來」是一個相當模糊的概念，它充滿了不確定、不可知性，但未來卻給現在無窮的期望與憧憬。首先，面對未來社會的特性，新的學習觀不再單一標準化，而需有更大的彈性與調適性。未來社會因應快速變遷與轉型，教育上的教學與學習必須在觀念上先做改變，傳統單一思維與唯一答案的教學方式或方法，已無法適應 e 世代的學習需求；而過去以教科書為學習的內涵之僵化觀念，也必須面臨網路時代的來臨，需有更大的彈性與調適性；其次，「學習社會」強調以學習者為中心，重視有意義的學習－新的學習典範。未來的社會必須建立一個全人化的「學習社會」環境。也唯有在「學習社會」的環境下，教育的發展、教師的教學、學生的學習，以及成人社會的回流教育、在職進修、社區大學、隔空教學、網路學習等才能不斷創新求變，符應多元學習的基本需求。而更要落實的是「學習社會」強調以學習者為中心，重視有意義的學習，即強化新的學習典範之形塑，方能積極學習，迎接挑戰，符應變革。

當前我們正面臨哪些挑戰？新的學習挑戰正在出現並將影響世界各地，未來的學習需要創新，並能因應未來學生需要的教育現代化（Redecker et. al., 2010）。未來的學習目標將集中在能力，而不只是知識，學習因應更多個人需求並積極重新整合，以適應未來生活（Ala-Mutka et. al., 2010；Learnovation, 2009）。McKinsey（2017）談到，到 2055 年，自動化將影響目前大約一半的工作市場，這意謂著當前教育系統正在為年輕人做好職業準備的許多工作，屆時可能很快就會消失。除了勞動力市場，科技進步也帶來了新的倫理問題，在全球移動的時代，教育將扮演維持社會凝聚力與認同感的使命。根據 Redecker 等人（2011）的研究，對於未來學習，提出

六個關鍵挑戰：（一）多元文化的融合，以解決移民與人口變化的問題；（二）延長在校時間解決失業問題，並提供更好教育的人力養成；（三）培養知識經濟所需的智慧與創新人才；（四）促進工作與學校教育之間的流暢與過渡；（五）促進重新進入勞動力市場，解決長期失業問題；（六）專注於永久性的技能再培訓，使所有公民能夠隨時更新他們的能力，並快速因應工作環境的改變。

　　同樣的，全球化帶來了許多挑戰和問題，但也讓國與國之間的互動與交流更加頻繁，凝聚了更多共同感興趣的議題，以及新的發展趨勢，共同尋求最佳的策略與制度，這種國際共享的趨勢，也為教育的未來帶來全新的思維與豐富的見地，塑造未來的學校教育與學習。教育可以使學習者俱有能動性和目標感，以及他們需要的能力，以塑造自己的生活並為他人的生活做出貢獻。為了找出最好的方法，經濟合作和發展組織（Organization for Economic Cooperation and Development [OECD], 2018a）啟動了「2030未來教育和技能」方案，該方案的目標是協助各國找到兩個影響深遠問題的答案：（一）今天的學生需要什麼樣的知識、技能、態度和價值觀，才能茁壯成長並塑造屬於他們的世界？（二）教學系統如何有系統地發展這些知識、技能、態度和價值觀？這正是未來教育必須去思考的核心主軸。European Commission（2015）在知識未來：歐洲 2050 智慧策略選擇報告中提及，全球化、人口變化和技術進步為歐洲的研究和創新帶來了重要的挑戰和機遇。研究、創新和高等教育系統是各國經濟和社會前景的基礎，它們塑造了面對在地方和國際層面眾多挑戰的應對能力。在此報告中強調三項政策：（一）創造必要條件以利用研究和創新成果；（二）促進尖端基礎研究的卓越性；（三）通過科學外交加強我們的國際參與。

　　2017 年 G20 公報提及，未來工作的關鍵問題，即是數據創新和勞動力市場轉型。然而，很少人關注到負責培養所需能力和技能的供應機制，以應對勞動力市場和整個社會中不穩定、不確定、複雜和模糊轉變的學校系

統以及其未來發展（Costin & Coutinho, 2017）。因此，未來教育的推動與發展更應專注人力市場需求，強化知識與實務工作的結合以縮小學用落差，培養未來國家社會所需人才。

　　European Commission（2015）接續提到，面對 2050 年的到來，歐盟政策的推動應掌握以下原則：首先是開放的知識體系：如果我們要適應即將到來的挑戰，我們的知識體系必須是開放的，開放程度必須超越了當前的情況，包括課堂和市場、新的基礎設施、科學計劃和新的知識資產制度。例如（一）加大對研究基礎設施的投資，嘗試不同的資助模式（例如建立研究基礎設施的計劃），促進研究開放用於教學、創新和公民科學的基礎設施。（二）提升數據的開放、取得和數據素養，鼓勵公民參與科技政策，繼續促進公眾參與科學、研究計劃並開發公民科學評鑑系統。（三）創建一個知識倉儲，作為解決社會挑戰的知識庫，讓所有公共資助的研究成果（數據和出版物），並透過共享、辯論與參與快速變化的科學技術成果和挑戰，形成一個以未來為目標的核心框架計劃。（四）重新思考知識資本，擴大建構知識資本的參與人員，包括研究人員、消費者、發展中國家和其他人。其次是，創新的靈活性和實驗性，適應不同的社會和經濟群體中，在地方和區域內嘗試新的運作模式。包括（一）構建更強大的區域創新生態系統，支持教學、研究與創新，以開放式創新原則為基礎，推動機構間合作，鼓勵公共機構向需要的業界提供研究基礎設施，並與他們開展合作。（二）支持大學自治，強化大學進行產學合作、創新發明，並鼓勵地區和國家政府對大學的投資。（三）提出為當前科學與長期研究結果創造獎勵，刺激經濟與社會挑戰新的實驗。（四）促進社會和環境政策方面的試驗，例如創建持續性基金來支持實驗、新的經濟分析、福利指標，以協助大眾作為消費社會的思維和行為方式的參考。最後應強化合作層面，單一規模的市場需要某種形式的政策、監管和支持協調，建構知識聯盟體係，成為彼此貢獻者和受益者，這包括（一）創建單一知識市場，發揮研究作用，這需要高程

度的公共投資、相關的研究基礎設施、智能專業化，以及研究人員之間和機構之間公平競爭的環境。（二）將知識相關政策與凝聚力和社會福利政策相聯結，解決失業問題並確保公民參與。（三）建立研究核心機構，強化與資助基礎研究與科學政策。（四）更新教育課程和證書計畫，因應工作瞬息萬變的時代，如教育標準現代化的過程、確保課程越來越靈活、鼓勵學生選擇的模組化的結構，跨學科學習和個性化課程。（五）關心社會科學、人文科學、公民社會的重要議題及成果，產生激勵效應。（六）為全球問題設定遠大的目標和立場。由上可知，歐盟對於未來教育已做前瞻性的預告，面對 2050 的到來，從個人、國家到全球性議題，提出不同層面的策略，做好因應未來的準備。

　　Robertson（2010）、Barack（2014）提出，許多學生已經將高等教育視為一種糟糕的經濟投資，因為他們畢業後的就業機會越來越少。另外，高等教育是否為 21 世紀的工作生活和公民素養做好了準備，在不斷變動的社會環境中，大學教育是否會持續受到良好的關注與價值肯定，是高等教育內部變革的重要議題（Barber, et. al., 2013）。因此，為縮小學用無法合一的鴻溝，教育系統必須整合不可預見的社會資源與工作需求進入學校的教育體系，經由以能力為基礎的課程改革，以及有效的教師專業發展和評估機制，以滿足學生未來的需求與實踐，縮小國家內部和國家之間的不平等。

　　遠見是協助我們自信地面對未來、了解機遇和風險並幫助我們制定中長期戰略的重要工具，而趨勢、信號、情景、願景、藍圖和計劃都是展望未來的工具的重要元素，它能將遠見與科學和創新政策結合並進行深入思考。人類時代的演化由農業進入工業走向知識經濟時代。十八世紀中葉以前農業時代，利用土地與勞力獲益；十八世紀中葉到二十世紀末工業時代利用資本與技術謀取利益；二十世紀末開始知識經濟時代利用知識創新來獲取利潤，而人類的活動也由個人逐漸走向社群與組織的團隊生活；進入二十一世紀知識經濟時代，資訊通訊科技的發達、網際網路的覆蓋、AI

（Artificial Intelligence）、VR (Virtual Reality)、3D（3 dimensions）影像走入人群生活，改變始終持續在進行中，而世界各國與區域組織亦不斷提出未來教育的挑戰與因應策略，以迎接新世紀快速變遷的未來環境。「為教育創造新的未來」是世界各國、區域性的教育領導和政策制定共同面臨的挑戰，如何透過合作夥伴實現全民高品質的終身學習目標，為個人發展、持續性經濟增長和社會凝聚力做出貢獻，儼然成為刻不容緩的教育使命。

二、科技領導趨勢

　　教育改革一直是世界各國積極規劃與實踐的重要政策與趨勢，然此種教育制度性的改革，似乎已被蓬勃發展的資訊科技所取代，資訊科技領銜的教育趨勢，包括課程教材、教學方法、教師角色、師生學習與師生關係等，影響著整體教育發展的變革，為傳統教育體制下的教學活動，提供另類的選擇，也豐富了教與學的多元性。在學校運作的體系中，領導始終扮演著重要的關鍵角色，他影響著學校課程與教學的實踐、學生學習成效等學校整體效能的展現，是學校發展的重要元素。

　　當人工智慧棋 AlphaGo 擊敗韓國頂尖棋士李世乭，翌年又完勝世界棋王柯潔，即已宣告資訊科技的應用潛力已於諸多層面更勝人類腦力。科技工具的高效率演算，已可取代耗費大量人力才能完成的決策任務，精簡人事負擔，故任何一個組織要提升其競爭力，必須充分掌握資訊科技的優勢，以提升組織效能（吳清山、林天祐，2010）。今日的學校並非因應資訊科技社會所設計，學校要在新年代持續、快速的改變，必須建構一個新的願景，這個新願景包括學校與其所處環境間關係的觀點需產生根本改變。在全球化的年代，政府在教育上開放整個社區的權力，學校賦予家長和社區成員對於學校決定有更多的控制，因此，學校與其所處之社區及其外在環境，

產生微妙的變化，學校與其所處環境間改變的因應，成為學校領導者必須重視之能力。

　　Goldsmith（2005）曾談到有效的領導品質在過去、現在與未來同等重要，Thomas、Bainbridge（2002）談到，未來的教育領導者仰賴的不再只是地位，而必須經由知識、智慧與能力來說服同僚，以及對教育的公正性與公平性作出承諾，以確保領導品質。因應科技迅速發展的社會，領導趨勢的變革與領導品質同等重要。領導隨著時空背景的演化，也產生戲劇的變革，在今日知識經濟、資訊科技蓬勃發展的年代，領導方式也必須與時俱進，迎合時代需求。誠如 Broome、Hughes（2004）提出，未來領導者應扮演科技的角色以促使組織的發展與實踐；Barrett、Besson（2002）認為，未來領導者應扮演網路關係的建構者；經濟合作與發展組織（OECD, 2005）主張，外來領導者應能使用新的科技進行學習；Filed（2006）在「未來領導」論述中提到，隨著科技發展的新趨勢，未來的領導者應透過現代科技來改善與輔助過去書面溝通的技巧，應致力於三方面的能力：（一）發展優異的書寫技巧，（二）了解電子溝通的多元面貌，（三）了解電子溝通的多元文化型態。

　　當前科技的進步，正引領著全球資源的分配、環境氣候的變遷、交通運輸的便利、生活飲食方式的改變，甚至於國家與世界發展的走向，這種由早期工業 1.0 的「蒸汽機時代」、工業 2.0 的「電力運用時代」、工業 3.0 的「電子資訊通訊技術時代」以及今日工業 4.0 的「物聯網、大數據與 AI 時代」的變革，正帶著我們走向想像與預知的「未來」，而這也意謂著「工業 4.0」（Industry 4.0）的到來，不僅僅是產業領域所帶來的變動，其對社會、教育、學習型態的影響，也將帶來新一波的社會變革與教育革新，正如 Committee for Economic Development of Australia（CEDA, 2015）指出，未來 10 至 15 年內將有 510 萬個工作（44%）面臨數位科技化顛覆的風險。鄭琪芳（2018）亦談到，互聯網是改變教育的因素，未來教育 4.0 的想像，

將沒有學校、教室和課本，完全採取線上課程，隨時隨地皆可上課，進行教學與學習。因應科技時代的來臨，為了減輕人類的負擔，許多廠商開始研發或進駐機器人取代人類的勞動力，工作機會大幅減少，然而目前機器人取代的皆是單一性高的工作，未來 AI 發展成熟之後，大數據加上機器人的人工智慧，將會取代現今以人力為主的工作需求，為當前人力市場結構帶來挑戰。

放眼國際，資訊通訊科技（Information and Communication Technology, ICT）已經成為不同機關、組織的基礎設施，競爭的標準配備，未來可能更大幅的成長。Canole、Alevizou（2010）強調，網絡已經不再僅僅被視為一個資訊倉儲與信息檢索機制，而是一個社群媒體與一般使用者能迅速取得知識的工具。Facer（2009）透過數據分析，進行社會變革和教育的十多年研究提出，世人對未來的視野過於狹窄，必須理性地去承認一些新興發展的議題，其中包括：（一）人類與科技新關係的增長；（二）跨世代關係的出現；（三）為新形式的知識和民主的奮鬥；（四）經濟和社會不平等的嚴重加劇。事情的發生是有可能的，而這只是一個單純的信念，因為它存在於人們的生活中。人類社會的發展，如同一列前進的火車，隨著行駛距離的增加，看到的景物自有不同樣貌，這種人類發展的進程，陪伴著個人、社會國家與全球的成長，教育的發展因應社會、國家與全球的成長，亦不斷的在重組、創新，締造與過去不同的未來教育。

在可預見的下一個 10 到 15 年，新興科技將對全球社會發展產生影響，教育亦無法避免，尤其是行政運作模式、教學法和課程設計。這種新興科技最重要的組成元素即將是「雲（cloud）」，「雲」是一個不斷自我發展和永續的數位實體，它通過網際網路提供與提取資源，改變教育的性質和教育者的角色。科技產生「去集中化（decentralized）」的效應，全球資訊網絡將在雲端，深刻影響人們學習、思考、工作、協作和保持幸福感的方式，「雲」將保存有關每個人的信息、日常活動、想法、態度，並提供監視和分析的

能力，甚至可以預測他們未來的行為。McAuley 等人（2017）亦談到，「社會趨勢」指向教育的個人化，建構個人化的教育；「社會移動」乃指透過移動的設備取得教育內容。「科技的取得」係指進入數位學習、科學資料庫、媒體圖書館等，進行線上資源的取用；「科技的有效性」則指提供有效資訊科技的基礎設施，如雲端科技、虛擬科技與開放介面等；「科技的開放性」則指數位課程與學生訓練所需教育題材的可取得性。

　　在教育端，「教育雲」的概念逐漸深入今日的教育環境體系，因此未來學校教育將逐步走向「智慧學校」的路徑。「智慧學校」以學生為中心、跨學科、建構校際聯盟的教育系統，可適時採取以下策略：（一）學生的適性學習計畫與學習檔案；（二）提供教師與學生科技與數位學習資源；（三）教師進行 E 化行政、監控與報告；（四）提供教師最佳的資訊；（五）提供學生線上學習資源；（六）建立校際聯盟、教師同儕、學生同儕與教育機構結盟的合作夥伴關係。而其目的則在協助教師進行創新教學，學生在學習過程中能獲得思考力、學習力與創造力等優質學習成效（蔡金田，2018）。科技驅動的轉型正在重新定義教育的角色、價值、知識和技能。教育系統在世界各國面臨著各種挑戰，其中包含滿足長期需求，例如增加全球全民教育機會、減少輟學並確保完成義務教育。重新定義一個新的教育觀，如課程、發展新技能、學習場域（正規以及超越學校和家庭的非正規學習）以及資訊科技下的數位鴻溝。世界各地的教育工作者早已認知，教育系統需要有所轉變，方能讓學習者適應未來的全球知識經濟。但這個未來願景是否穩健、可實現？社會和技術變革的融合，未來可能會出現哪些變化？這些未來變化對教育將產生怎麼樣的衝擊？儼然是全球關注的課題。當前教育已跨越國界、相互聯結、彼此共享與具備個性化的特徵，世界各國都在積極尋求教育的跨界連結、資源共享、共享品牌、以尋求各自教育發展的獨特性，例如翻轉教學、微課程、學分學程、不分系學位學程等新的教育形式迅速崛起，全球化與資訊通訊科技引燃學校教育的巨大變動，讓教

育部不得不做出應有的積極作為。值此教育 3.0 的現代，面對教育 4.0 的到來，對「未來教育」的發展應有著更多的前瞻與想像。

全球的教育工作者都已深切體會到，面對社會的變遷與科技的發展，以及社會與科技融合的未來生活，教育體系需要進行重整、轉型與變革，讓今日的學生能適應未來的全球知識經濟的生活。而這種變革所產生的未來願景應該是穩健的，可具體實現，非只是存在的理想。科技已經走入人類的生活、學習、工作與休閒，它不僅帶動整體國家、社會的發展，也為教育的未來走向，引領一條清晰的道路。在新世紀全球走入知識經濟時代，隨著 AI 的問世，科技引領時代趨勢，成為社會發展的重要驅力，正在人類發展的軌跡上運行，帶領人類進入想像且可預見的未來，引領教育與學習進入新的境界。

三、新教育模式的誕生

傳統保守的教育模式，大多數學習經驗主要側重於獲取和記憶學科知識內容，提供較有限的學習，若想要學生具備未來社會發展所需的關鍵作用的能力，多元廣泛的學習維度，將無可避免。新世紀的到來，發展一套廣泛的技術和能力，提供彈性的學習機會以適應不斷變化的工作市場以及複雜的社會環境，已成為當前教育的首要工作。

全球學習經濟和數位遷移將促進家庭、個人、價值觀、教育資源、社會資本和創新的全球流動，從而為日益全球化的學習經濟做出貢獻。由於這種遷移成為現代的生活特徵，也將推動對學習權利和資源的各種新需求。學習資源、環境和經驗的創造和交流將形成一個全球學習生態系統，個人學習與家庭發展將跨越國界接觸多樣的學習生態。這種以合作、資源創建、評估和共享為特徵的全球化開放學習系統，將在全球學習生態系統中提供

新的價值形式，也將改變教育機構對其角色的重新詮釋，教育機構將不再是協調、提供服務、質量保證、績效評估或支持的獨家代理，其他參與者可能更有能力在分佈式生態系統中提供這些功能。

設計學習體驗的新工具和方法將加深我們個性化學習的能力，有關個人偏好和互動以及協作路徑的資料，將創建學習者體驗和表現的新資訊，資訊科技工具將提供可查看數據和深入了解支持學習者進行學習的新方法。神經學的進步也將幫助我們在特定的物理和虛擬環境及其對認知和大腦健康的影響之間建立聯繫，並逐步運用於設計個性化、以學習者為中心的體驗和環境的新興學習組合，反映出學習者之間的差異，而不再是強迫遵守學習風格和表現水平，此外近年來不斷發展的創客（maker）經濟將提升解決實際問題的能力，接有助於增強個人的復原力。

毫無疑問，專業學科的最新知識和技能始終保持其重要性，然而，教育成功不再於內容知識的複製，而是從我們的知識中去演化、推斷，知道在新情況下如何應用這些知識，並跨越學科界限進行思考。如果每個人都可以在 Internet 上搜索資訊，使用搜尋到的知識去從事與自己工作與生活有關的事務，那麼大數據的建構與運用在學習分析方面便大有可為。過去數十年來的教育圖像宰制了未來的教育願景，意即由國際競爭與數位網絡的支撐所產生的全球知識經濟願景，這個願景驅動了全球新科技，新的教學、新的學習取向、新興教育工程和大規模的學校重建計劃，這一願景向學生和國家承諾，擁有足夠的教育、創造力和新科技，才能保障他們未來的安全（Young, 1998）。蔡金田（2018）認為，學校教育在未來教育的革新發展中將產生根本性的變革，迎接全球競爭與數位網路普及的現代化，智慧學校理念的實踐將在這波變革中扮演重要的推手，數位課程與教學的模式將成為新一波教學的革新，其接踵而來的，將是逐步孕育智慧教師與智慧教室的形成。也因此可見，教育是一個充滿未來的想像，面對不斷變動的未來世界願景－需求，威脅，機遇，教育必須重新思考未來的圖像。

　　親子天下（2018）談到「科技翻轉中國教育」，文中提及中國為了培養新經濟時代所需的人才，對於國中小的教學方式進行變革，透過「互聯網＋教育」翻轉中小學生的學習方式，讓科技與教育結合，建立雲端資料庫，將學生的課本、作業與課前預習上傳到雲端上，學生只要擁有手機、平板或電腦就可以閱讀；互聯網教育中心（2017）談到，在未來，學生獲取知識與方法的來源與途徑，不再局限於教師與課堂；學生會使用人工智慧去尋找學習資源，也不再拘泥於制度化、固定化的「課堂時間」；與此相關的是學習方式的改變，如運用行動電話、平板電腦、掌上電腦等方便攜帶設備，使學習不再局限於固定的和可遇見的地點。它在改變現代社會知識的性質與來源的同時，也改變了知識習得的方式，最終形成「移動學習與固定學習並駕齊驅、線上學習與線下學習比翼齊飛、人工智慧、3D 動畫模型等與人的智能交融共生」的新格局。

　　陳東園（2016）認為，教育 4.0 不是創新理念與技術的推動，而是學習知識與技能，是一種數位匯流整合的機制，透過教學活動的資訊系統連結、整合與運作所建構的學習制度。因此，教育 4.0 的意義與結構，在滿足學習者心智體驗，統合心智能力的發展目標，而教學的進行則在透過網際網路作為知識載體與及傳遞管道。教育 4.0 的想像未來，透過資訊科技的運用與網路的普及化，滿足學生身心靈的需求。教育與未來之間的關係體現在學校的教育工作者與學生之間的日常互動，也是教師和學生關係在班級互動中的一種隱喻。但這意謂著什麼？長遠來看，這對您有什麼助益？在日常工作中，我們不斷要求孩子投入尚未實現的領域（Adams & Groves, 2007），讓他們想像自己可能是誰，他們可能想要做什麼、怎麼做，他們有無可能到達那裡。年輕人本身經常意識到這樣一個事實，亦即教育是一個過程，其中包括現在（自由，及時，努力）要付出的代價，而這種代價的兌現，並非要求所有孩子都應實現未來的承諾（Sidorkin, 2009）。因此，未來的教育，教育機構、教育對象與教育目的息息相關，它塑造了人們對教

育中的個人以及集體可能性的認知，它也構築了我們對於現實以及改變的期望，建構我們對未來教育的可能性，局限性和目的性的假設。

　　然而，假設、想法如何變成現實？正如 Sawyer（2006）強調，讓青年為未來做好準備，必須跨文化合作、解決環境、社會和政治的困境，而學習如何「理解」，已經成為「關鍵能力」（Carneiro, 2007）。世界變得更加相互關聯和複雜，教育必須對這些問題有所回應，並能因應挑戰，塑造未來。知識轉化的整個過程：創造知識、分享知識和使用知識，對決策者與參與者而言變得很重要，而教育、研究與創新將構成知識的金三角。瞬息萬變的世界，確實帶來了機遇和風險，但如果能有效學習、分析並正確利用物聯網與大數據，便可以提供教育工作者最佳識別，如課程、教學、行政，甚至跨越性別、階級和種族的成就差距，並有助於解決根深蒂固的不平等問題。也就是說，未來教育需要擁有更完整地「教育系統」，為學生提供一系列的學習途徑，以為每個孩子提供最好的教育，具備未來所需的能力。但是，未來教育不只局限於系統的改革，而是系統應提供什麼樣的教育，讓學習者克服未來挑戰的知識和技能，因此改變現有教育方式與內容更顯重要，必須充分認識新學習者的特徵，因為今天的學生不再是教育系統最初設計的教學對象（Redecker et al., 2011）。

　　為了滿足不斷變化的市場需求，培養能適應未來環境需要的能力，教育必須有新的計劃發展與未來想像，因此，政府部門必須投注更多的教育資源，秉持公平、正義、沒有種族與性別歧視的原則，在未來教育的發想與實踐，學校必須創新與適應新的教學方法和學習方式，讓學生、學校、產業和家長參與課堂內外的協同設計，培育學生具備未來競爭環境所需的硬實力與軟實力，讓他們為現在不存在但在他們進入全球競爭市場時可能出現的工作做好準備。

　　二十一世紀充滿不確定性和複雜性，面對快速變化的規模或速度，幾乎沒有喘息的機會，這種複雜的環境告知人們必須具有「包容的能力」，例

如能連結在地與全球，認識不同的觀點，具備批判性與創造性思考以解決全球挑戰，以及在不同類型的社交論壇中相互尊重地合作。

隨著資訊科技帶來的教育震盪，在可預見的未來，以學生為中心的實體與線上教學儼然成形；領域與跨領域的整合學習成為趨勢；跨校、跨界與全球鏈結的策略聯盟正在發酵；透過知識管理而逐漸形成的大數據與雲端資料庫（教育雲）的建置，已然翻轉傳統教育模式，進入數位行政、數位教學、數位課程與數位學習等智慧學校模式。

第二章　數位年代的教育

　　隨著教育科層結構體制的崩解，傳統自上而下的權威、知識和權力運動已產生動搖。在新模式建立之前，各種不同的學習典範將被引入學習生態系統，傳統的科層體制可能會出現衝突和不信任，因應未來發展應有所變革，成為一種競爭激烈的元素。另外，隨著測量策略和大數據的不斷精進，我們需要決定哪些數據是重要的、有意義的，以及我們如何對它們採取行動；我們還需要探索如何公平地評估績效？以及目前普遍施行標準化評量的意義？積極尋求校外不同領域的新指標和衡量標準，採取多元工具、多元評量的策略，完整學習評量體制。

　　二十一世紀是知識經濟時代，傳統有形的經營資本已被無形的智慧資本所取代，數位化與網路化的知識，成為知識型社會的主流，並躍升成產生利潤的主要因素。知識已被視為是當前高度開發國家的經濟成長和生產力之主導因素，因而在經濟表現上，資訊科技及學習角色，已成為關注的新焦點（OECD, 1996）。社會科學、科技、經濟、環境科學和政治科學領域的巨變正在加速發生，這種戲劇性的轉變，導致了熟悉而穩定的現實，轉變為充滿動態和動盪的現實。過去和現在的答案已經無法為複雜而模糊的未來所產生的問題，提供解決方案，今後，人和組織將需要應對苛刻、關鍵和最重要的議題是迎接「陌生的挑戰」。

　　教育是知識創造、評估、維護和傳播的基礎。基礎教育是讓兒童得以擺脫貧困的少數途徑之一（World Bank, 2013）。特別是弱勢群體，有機會從不同教育階段，獲得和發展不同技能的組合，讓學生做好準備為社會與

經濟發展做出貢獻，面對此教育與社會革新，學校系統始終扮演關鍵性的角色，如何善用今日網路科技的便利性，創造公平、均等以及優質的教育，成為未來教育發展的重要工作。

一、數位教育革新

學校無法以過去的知識與經驗，教導今日的學生，去適應未來的生活。因此，我們必須了解未來社會的發展脈絡，根據未來的時代需求，設計未來學校，規劃未來課程，做好未來教學的準備。網際網路的發展與大數據時代的到來，使得知識取得更加的快速與便利；科技的進步讓人們走入AR、VR與3D等時代；社會對教育資源的不斷挹注，也豐富了學習活動的空間與形式；全球化促成國際教育的頻繁交流，讓教育參訪、觀摩、標竿等學習平台，延伸了教育的視野與廣角，由於上述因素的急速發展，加速了「未來教育」的紮根與萌芽。在過去的三十年中，主導教育政策的未來圖像，圍繞著教育、社會與科技變革之間的關係。隨著全球大數據時代計算能力的大幅提升，全球數位網絡的出現以及中國，巴西和印度人口的增長，讓市場經濟學產生一種無所不在的必然性和重要性，社會和科技術變革意味著我們必須適應高科技以及處在全球競爭力的世界，並且曝露在被經濟和社會遺忘的風險。面對如此巨大的變革，教育的角色當取決於本身以及它的學習者的需求，以適應未來的發展（Fisch, 2000）。

資訊通訊科技（ICT）的誕生，打破時空界限，讓知識的創造、分享與傳遞更加的快速，知識的半衰期更隨之縮短，在此資訊爆炸時代，也為組織帶來長遠的新挑戰。隨著科技時代的來臨，數位學習已逐漸成為學生學習的重要方式。在未來，教育與數位化始終有著緊密的連結，政策制定者試圖結合兩個領域，並通過各項計劃積極推動。OECD（2015）指出，雖然

所有歐洲地區和國家對數位教育基礎設施的完備尚不均等，但國際學生評估計劃 （Programme for International Student Assessment, PISA）的調查顯示，優勢學生和弱勢學生在電腦的使用上，從 2009 年至 2012 年間，所有國家的表現情形都逐漸縮小，顯示數位網路全球的普及程度。Conrads et. al.（2017）指出，第一代數位教育政策（直到 2002 年）主要側重於發展基礎設施，即提供廣泛的科技設施；從 2002 年左右開始，政策制定者將重點轉向「軟（soft）」因素，例如教師培訓、師生能力建構與內容開發；2015 年之後的政策方法走向原創，不斷演變為小規模實驗，如果成功，可以擴大規模並最終成為主流，直至今日數位教育已日漸成為教育的新主流趨勢。

　　數位學習是讓學習者能夠透過簡單的操作工具，利用網際網路無遠弗屆的特質，依照自身的需求以及學習進度，進行適性化的學習，同時亦可以運用網路多方連結的功能，進行線上合作學習或研討，進而促進無所不在的學習（李勇輝，2017；財團法人資訊工業策進會，2011；Clark & Mayer, 2007）。在國內政策方面，2008 年起，行政院國家科學委員會「數位典藏與數位學習國家型科技計畫」（Taiwan e-Learning and Digital Archives Program, TELDAP）整合「數位典藏國家型科技計畫」與「數位學習國家型科技計畫」兩個國家型科技計畫，著重人文內涵的國家型計畫；相較世界各國，臺灣也是唯一以國家力量來整合各公私部門及學科領域，進行國內重要文物典藏的數位化工程，並以內容來 引導資訊科技，建立跨學門、跨領域的資料庫與應用（李德財，2008）。我國於國民中小學九年一貫課程綱要總綱中，明白揭示國民教育階段的課程目標之一，為培養學生運用科技與資訊的能力，並將「運用科技與資訊」列為現代國民所需的十大基本能力之一（教育部，2003）。教育部接續為迎接數位化學習時代並面對國際數位學習發展趨勢之變化，於 2014 年起推動期四年的「數位學習推動計畫」，進行「躍升教育學術研究骨幹網路頻寬效能」、「提升校園無線網路品質」、「整合雲端學習資源」、「發展數位閱讀」及「推動磨課師（MOOCs）課程」等

五項工作（教育部，2013）。

　　科技將對新一代人類產生重大影響，因為他們在成長過程中經歷了科技快速變遷。International Labour Organization（2018）談到，資訊科技革新促進了勞動力市場的變革，擴大了教育與人力市場的鴻溝，此現象為民主國家帶來了進一步的挑戰。教育的發展無法離開社會的發展結構。隨著環境從工業社會走向以知識為基礎的社會轉變，培養年輕人運用知識進行創造和革新的工作能力更顯迫切需要（Lai, 2011）。21 世紀網路在台灣普及率逐年增加，2019 年全國上網人數經推估已高達 2020 萬，整體上網率達 85.6%；家戶上網部分，推估全國家庭可上網有 793 萬戶，全國家戶上網比例達 90.1%；主要上網方式為寬頻上網，比例高達 89.3%（財團法人台灣網路資訊中心，2020）。另外依據國家通訊傳播委員會公布 2019 年持有手機民眾數位調查結果，國內 4G 用戶突破 2,925 萬人（國家發展委員會，2019），在台灣人口約 2,400 萬情況下，網路及行動裝置算是相當普及。資訊科技與網路行動裝置的普及，逐漸成為人類工作、生活與學習不可缺少的重要元素。

　　Morrison（1995）認為，在資訊通訊科技（ICT）所建構的學習環境中，傳統以學校為中心的教育體系正面臨時代的轉變，並以以下四種特徵呈現：以學習者為中心、開放的學習體系、以資訊科技為基礎、價值導向的學習。因而，雖然，我們能預見這種教育與社會科技變革的關係，但是教育所呈現的往往是教育的慣性，面對社會科技變革時代往往無法做出適切的反應；Black（2013）提到 3D 動畫能夠使學生快速地從整個結構到各個部分結構的觀察，甚至更細緻的微觀層面，這種放大和簡化的過程可以特別有效地幫助學生理解。上述情形，正引領著新學習時代的到來。

　　近年來，面對教育的數位發展，特別強調將數位科技融入課堂教學（Davidson & Goldberg, 2009），如 3D 視覺效果已逐漸在學校教育中萌芽，教育工作者借助 3D 視覺效果能夠簡化複雜、抽象，甚至是不可能的大量

信息，Bamford 在「未來教育中的學習（生活）」計畫中談到，85%的學齡兒童是視覺與動覺型學習者，只有 15%是聽覺型學習者；在 3D 課程中，86%的學生從前測到後測成績有所提高，而在 2D 課程中只有 52%（Back, 2013），正如 Black（2013）研究指出：（一）大多數兒童是視覺或觸覺學習者，而大多數教學是聽覺學習；（二）學生通過觀看和體驗比通過聆聽學到更多；（三）學生表示，當他們可以看到 3D 圖像時，他們會學得更好。

　　陳映璇（2021）指出，根據全球線上課程搜尋網站 Class Central 統計，將數位課程開放於網路，便於大量使用者學習的「大規模開放式線上課程」（Massive Open Online Courses，簡稱 MOOCs），2020 年使用者突破 1.8 億人，全球共 950 所大學推出 16.3 萬堂 MOOCs，也較 2019 年成長 20.7%。

　　陳韻涵（2021）提到，經由學者與專家分析，2021 年將有以下六大教育科技趨勢，讓學習更有趣、有效率且能突破時間地點的限制。

> ➤　趨勢 1：遊戲化，提高參與互動。如果想讓學習變得更有趣，提高學生的參與程度，並增加師生間的互動，遊戲無疑是最適合的教學方法，而遊戲化（gamification）則是最被看好的教育科技趨勢。

> ➤　趨勢 2：影片輔助學習，減輕教學負擔：近年來，影片輔助學習（video -assisted learning）在課堂中蔚為風潮，其範圍更擴大至學生透過所有螢幕形式學習的範疇，許多預先錄製的教學影片，其中又以結合時事的動畫內容，尤其吸引學生的注意力且能讓課程更加豐富。影片輔助學習不僅有助提升學生的學習成效，也能減輕教師的教學負擔。

> ➤　趨勢 3：學習類社群，分享溝通利器：社群媒體已經滲透人們的生活點滴，成為日常無可或缺的溝通工具和資訊分享平台，但這些平台也可以成為學習進程的一部分。

> ➤　趨勢 4：機器人和 AI，滿足特殊需求：機器人（robotics）和人工智慧（artificial intelligence）的衍生應用，可以協助教師設計更有

彈性的教學與學習系統，惠及所有學生，尤其是有肢體、感官或精神方面需要特殊照顧的對象。

➤ 趨勢 5：區塊鏈科技，儲存大量資料：分散式帳本技術（Distributed Ledger Technology，簡稱 DLT）一詞涵蓋廣闊領域，近幾年常聽到的「區塊鏈」（blockchain）就是其中一個重要的底層技術。DLT 為教育帶來許多好處，尤其是在數據儲存的方面；每當數據寫入資料庫就會在系統中增加一個「區塊」，一大好處是儲存量幾乎沒有限制。這些數據經過加密處理，在多部電腦系統中同步、即時更新，讓資料傳輸更透明並達到多人參與的「去中心化」（decentration）。

➤ 趨勢 6：大數據，學習經驗客製化：受到新冠肺炎避疫影響，遠距線上學習工具如雨後春筍般蓬勃發展，為符合學生的個別學習需求，學習經驗需要「個人化」處理。教學設計可以根據學生過往的各項學習經驗客製化，以更適合學生的形式呈現課程，包括課程主題、學生的表現（例如每堂課的專注時間、完成度和測驗結果），以及學習者的反饋等。

儘管學校中不斷出現先進的科技技術，但仍然沒有將該技術有效運用到教育系統，殊不知教育系統融入資訊科技技術的時代已經到來，在未來，數位科技將成為通往教育新視野的途徑，教育雲將不斷發展成為未來教育的基本配備。教育雲對對現有教育進行翻轉，首先，傳統教育體系模式將逐漸消失，即傳統教育的工具，如學校建築、教室、教師、教科書、管理人員等，將不再是教育的唯一要素，在不久的將來，學生可透過科技工具（如 iPad）在世界任何地方，都可以進行線上學習，線上教師無論是真實的還是虛擬的，都可將授課教材、數位教科書、小說和非小說類書籍、期刊、PowerPoint 講座等教學媒體上傳雲端提供學生學習；講座、非同步和同步（音頻和視頻）、各種社交媒體活動（休閒和學術）、聊天室，以及用

於對話、文檔、圖像和視頻的巨大存儲能力，將可用數學、科學和社會工具進行分析和模型構建；最重要的，教育雲將為所有不同年齡的學習者，提供個人與協作的學習機會。

科技讓學校更具有創造力，現代的科技與過去設計不同，現代科技讓我們有更多時間去進行創新。當前科學知識正在創造新的機會和解決方案以豐富我們的生活，同時無法預測的科學與科技的創新也顛覆了傳統組織，必須進行前所未有的快速革新，特別是在生物科技與人工智能領域，提出了關於人類未來生活型態的根本問題。教育工作者皆知，當概念以視覺方式引入時，複雜和抽象的主題可以更容易理解（尤其是年輕學生）。視覺效果不僅可以提高學生理解事物工作原理的能力，還有助於保持記憶，通過看到事物的「整體」，更有助於學生理解整體中的「部分」，而資訊科技人工智慧教學科技下的 3D 動畫模型產物，便可以最有效的方式來加速學習和理解。

二、數位時代的能力

21 世紀的社會，資訊將會是最有價值的資源，教育若能有效掌控重要關鍵資訊，將能創造個人機會，驅動社會的發展與改善生活的品質。然而，不論就政府部門、非營利組織、私人單位或教育機構或教學單位，面對這複雜、相互依存與快速變革的社會，皆無法採取適當的策略。因此，政府部門與教育單位需要重新設計新的教學與學習方法，擴展學習者的能力，以回應和管理全球急速變革的驅力。

面對知識經濟時代快速變遷的知識、科技與市場，擁有跨領域知識的人力結構已逐漸受到產業的重視。管理大師 Drucker 在其著作「下一個社會」書中談到「在知識型的社會，獨門科技愈來愈少，產業需要的知識，

逐漸來自其它不同領域的科技」（江俊儀，2021；Drucker, 1994/2002）。因應知識型社會的需求與人力的培育，教育部亦提出「以國民學習權取代國家教育權，實現以學習者為中心的教育」理念，秉持「以學生為主體」的思維，回歸學習者的特質與差異，提出更多元、更彈性的路徑，讓學生有適性發展的機會，提高學生學習自由度及專業主修彈性，培養學生解決問題的能力，期打破既有框架，鼓勵學生跨域學習（教育部，2017）。教育部更接續於 2020 年為激勵教師提升創新知能，引導學生在新課綱時代中深化學習，培養放眼世界的國際觀，與天下文化於臺灣大學「錢思亮紀念講堂」共同舉辦「探索在地、跨域學習，讓孩子成為世界的人才」高峰會（親子天下，2020）。跨域學習已是當前教育因應學生未來能力需求的關鍵策略，且已在教育領域逐步發酵，然而跨域從單一領域（Intradisciplinary）、多學科領域（multidisciplinary）、跨學科領域（Interdisciplinary）、到超越領域（Transdisciplinary），都存在不同程度及形式的知識結合樣態（Klein, 2013）。跨域學習是當前與未來教育的發展趨勢，但如何進一步界定與釐清跨域教學的意涵，是教育部門在實行跨域學習應有的認知，唯有給予第一線教育人員正確的認知，才能彰顯教育成效。

數位教育的出現伴隨著人類能力再提升的必要性，空有設備而無能力運用，無法為教育帶來精進、創新與變革。數位科技的誕生對教育激發出不同的火花，從工業 4.0 到教育 4.0，為教育帶來不同的風貌，近年來最耳熟能詳的不外人工智慧(AI)及其衍伸出的各種技術與能力。人工智慧(AI)通常是指「能夠執行人類智慧任務的計算機系統，例如視覺感知、語音辨識、決策和語言的翻譯」（Oxford Dictionaries, 2019）。與其較密切相關的概念是自我學習運算法，即電腦程式可以學習並收到每一個新輸入的訊息，越來越多的出版物討論了人工智能和自我學習運算法在教育中的應用（Baker et al., 2019; Goksel & Bozkurt, 2019; Karsenti, 2019; Tuomi, 2018）。

在上述所提人工智慧的發展與教育的相關方面，Braun 等人（2020）曾

提及，人工智能和自我學習運算法有三個相互關聯的應用，並與教育具有特定的相關性，即學習分析、個性化的學習內容以及對學習者行為的監控。其中學習分析涉及測量、收集、分析和報告有關學習者及其背景的數據，以了解和優化學習（Ferguson et al., 2016）。學習分析不僅評估學生目前的表現，並且持續評估他們未來的表現。另一方面，學習分析提供監控、管理和回應學生跨年級、學校和地區表現相關的問題（Williamson, 2016），學習分析亦可以實現個性化學習內容（Maseleno et al., 2018）。其次，學習內容的個性化是指根據學生個人表現程度與學習行為提供任務與學習，即所謂的「適當學習環境（adaptive learning environments）」或「智慧學習（smart learning）」（Peng et al., 2019; Spector, 2014; Kinshuk et al., 2016）。一般認為學習內容的個性化能夠提高學習者的參與度和動機，並加速學習（Peng et al., 2019）。最後，人工智慧允許對學習者行為的監控甚於學習應用過程的績效跟踪，其中一個經常被引用的例子是面部識別技術來監控學生的注意力（Connor, 2018），而這種發展亦引發了有關數據保護、道德以及政策和政治作用的問題（Tuomi, 2018），是在執行運用人工智慧的過程中必須去思考的議題。

英國經濟學人智庫 2017 年首次製作的全球未來教育指數（Worldwide Educating for the Future Index）報告指出，學校只講授傳統的專業知識是不夠的，需培養學生的批判思考、合作及對全球性問題的意識（遠見雜誌，2018）。Williamson（2013）提出，以「21 世紀主題的跨學科」框架，應涉及全球問題、金融、經濟、商業和創業、公民以及個人和環境責任，因此必須提供學習者必要的技能和「多層面（multidimensional）」的能力包括：（一）創造力和創新能力：包括創造性思維以及對創造性想法採取行動；（二）批判性思考和解決問題的能力：包括運用理性能力以及系統思考做出判斷和決定；（三）溝通與協作：包括團隊合作；（四）資訊、媒體與科技技術：包括資訊管理、媒體分析、創建媒體產品，並使用 ICT 進行研究

和以及適當的網絡運用；（五）生活和職業技能：包括靈活性和適應性、主動性和自我導向性、社會與跨文化互動、生產力、領導力和責任感。

在師資方面，數位科技帶來的衝擊不只是學生學習，教師教學同樣面臨挑戰。教師缺乏自信通常被視為在教育過程中，成功運用數位科技的主要障礙（Baker et. al., 2019; OECD, 2018b; Vaikutytė-Paškauskė et. al., 2018）。在將數位科技融入教育的過程中，其成功的關鍵在於教師的數位能力、數位信心和他們對新技術的心態（European Schoolnet, 2013）。同樣，有證據顯示，教師對科技使用的信心會對學生使用 ICT 進行學習的頻率產生積極影響（European Schoolnet, 2013）。然而，今天的大多數教師僅對行政和基本數位任務（例如製作文本文檔和發送電子郵件）感到足夠信心，而對程式或創建數據庫等更複雜的數位任務則缺乏信心（Deloitte & Ipsos, 2019）。

師資素質關係學生能力的學習，尤其在數位科技急遽變化的時代，師資的專業能力是重要關鍵，考驗教師能否勝任數位時代的教育。關於教師專業發展的未來，以及教師對於數位能力可能缺乏信心的問題，Vuorikari（2019）提出了以下創新方法和新興趨勢：

（一）專業發展越來越多地發生在學校或其附近。當教師協同工作時，在職成長越來越多地發生在工作環境中，這與參加培訓機構和進行自上而下的辦理各種講座形成鮮明對比。

（二）專業發展越來越多地發生在網際網路。通過電子學習（e-learning）領域的創新和線上提供的各種教材，教師越來越能夠隨時隨地進行培訓，更靈活地將專業培訓納入他們的日程安排。對於提供線上培訓課程的供應商而言，可擴展性效應，使其具有經濟吸引力。

（三）混合式學習。即線上教學與傳統課堂方法的結合，目前正發生在各種教學。除了經典的混合學習方法外，越來越多的教師嘗試新的教學方法，且實踐經驗的成長也越來越多。

Braun 等人（2020）在數位年代教育的再思考一文中提及，創建數位時

代教育知識共享平台，並提出以下策略：

（一）提供資訊、方法、資料、專業知識、良好實踐範例和導引；

（二）協調不同利害關係者的資源和策略；

（三）促進相互學習、跨國合作和創新夥伴關係的協作環境；

（四）整合有用的工具，如、地圖、目錄、視訊和社群。

楊國賜（2011）提出八項關鍵能力作，為未來教師教學學習的參考：

（一）蒐集、分析與組織資訊的能力；

（二）表達想法與分享資訊的能力；

（三）規劃與組織工作的能力；

（四）團隊合作的能力；

（五）利用數學觀念與技巧的能力；

（六）解決問題的能力；

（七）運用科技的能力；

（八）認知文化的能力。

　　數位時代帶動教育人員專業知能的轉化與再學習，不僅是學校教育人員專業成長的再提升，學校組織內團隊知識與學校知識都應有效進行整合與管理，透過數位科技工具的運用與策略的建構，建置學校教育雲（知識庫），做好有效知識管理，提供全體教育人員與學生的學習與成長。

　　資訊科技將帶動新一波的課程與教學變革，然而資訊科技對教育的影響並非只是在追求電腦設施與網路的完善，重要的關鍵在於提供教育工作者去發展、運用與分享創新的教學策略，經由理念的分享、加速理解、深度洞察與激發創新，進一步開發學習者的潛能。在可預知的未來，學校只是學習空間網絡中的一種，學習空間跨越學校、校外、本地和全球、實體與數位、教師領導和同儕驅動、個人與協作等，而這樣的轉變也影響了教師的教學與學生的學習，必須因應社會、經濟與教育的發展，致力於能力的精進與提升。

三、數位教育的省思

及時與永續的適應市場的快速變化,是組織與組織成員共同生存和發展的先決條件。因應市場的變遷,組織需要進行體質的轉化與創新,這包括組織模式的重新設計、持續重建與再結構化、組織學習和員工培訓以及與組織成員的有效溝通等;而組織的重要工作夥伴－組織內部成員,則必須在組織變革過程中與組織領導階層持續互動與接收變革相關訊息,並進行個人知識、能力、觀念與態度的轉化並進行學習。組織成員若能順利適應組織變革,不僅有助於改善組織的運作,更有效改善個人的工作成效以及提高工作滿意度(蔡金田,2020)。

當今社會除了應具備資訊科技與知識管理能力外,在未來知識的定義上,究竟我們需要給學生麼樣的知識?聯合國教科文組織《反思教育:向「全球共同利益」的理念轉變?》研究報告中重新將「知識」定義為「可以廣泛地理解為通過學習獲得的信息、認識、技能、價值觀和態度。」(郭涵,2017)。在面對數位教育引領風騷的時代,知識的定義將重新加以詮釋,傳統教育模式已無法滿足學生學習上的需求,從學校願景的重塑、行政運作、課程教學、學生學習與輔導等,都迎向另一次的教育翻轉,一場校園生態的變革已然在學校逐步發酵。

由於數位化進程不斷推進,越來越多的資訊與知識幾乎無處不在。迎接雲端計算時代,在教育領域,包括學校教育、職業培訓和高等教育,混合學習、主流媒體和持續更新軟件、技術和內容等相關資源,將更加緊密的結合(Cedefop, 2019)。這種現象的轉變,讓我們對教學與知識獲取的認知產生了根本性的變化,從幼兒到成人學習的各階段的教育都將受到影響。另外,新科技也為長久以來的教學帶來了挑戰,包括學校、大學和職業培

訓的教學型態；新興的自我教育形式有可能成為教育系統的重要支柱，這些可能的發展直接影響師資教育、將教師的角色轉型為「知識促進者」，將數位技術和方法整合到教育過程中。

面對數位教育的現在與未來，Hutnh（2019）提到，面對如此急速的變革，我們應有四個重要的關鍵省思：（一）鑑於不確定的未來，我們不僅需要賦予學校權力，還需要賦予學生學習的權力。教育工作者可以確定他們需要傳授的技能和知識，以為他們的學生在未來的生活中提供就業和成就感。教育工作者應該致力於為學生提供他們在面對現代社會的複雜性與變革，提供適當的工具，例如，「數據素養（data literacy）」，讓學生能夠「取得」、「使用技能」和「控制」自己的數據，並且能使用這些數據來評估自己的教育成果，確保學生始終是「創造者」而不是「工具」；（二）需要認識到教育系統的績效責任措施有時會導致不良的教育成果和行為。在「高風險績效責任制」系統可能會限制學校領導者提供全面教育的能力，無法為學生面對日益複雜的世界做好準備。因此，教育系統應平衡現實與理想的價值觀，做好因應未來的準備；（三）應對全球趨勢的發展，政策應以有意義的方式思考勞力市場的觀點，在制定政策過程中，從業者的聲音常常被忽略。相對在教育系統中「課堂觀點」、「教師的聲音」都應納入未來挑戰的實用性見解，確保這些聲音成為影響變革的機制；（四）以教育為核心，確保教育充分發揮推動社會和發展的潛力，確保經濟向前發展得以實現。

然而，在資訊科技進入學校教育之際，相關網路議題亦隨之產生，如賓靜蓀（2013）在「親子天下雜誌」中提及，科技造成的潛在危機，例如網路霸凌、色情網站氾濫等，讓孩子處在一個自由學習的年代，卻也是最焦慮的時代。吳美美（2004）認為，數位學習的要素是學習者、教學者、學習平台和教材、學習結果驗證機制。在網路科技的蓬勃發展下，越來越多的數位學習平台建置，如何妥善規劃驗證機制來管理這些數位平台，以及如何篩選數位學習資源內容的正確性，確保學習品質，須要政府與教育

專家共同研討擬定，學習者也應具備良好的科技素養。

美國未來學家、明尼蘇達大學教授哈金斯（Arthur M. Harkins）指出，「二十一世紀，第一個躍升到教育 4.0 階段的國家，就會成為人力發展的領頭羊，並創造二十一世紀新經濟。」哈金斯進一步闡述，教育 4.0 是以創新產出為核心的教育，強調跨界連結、協同創造（天下雜誌，2015b）。21 世紀快速的科技變革導致個人與國家之間的競爭，教育的角色將是發展新世紀所需具備的科技能力，提升個人和國家的整體競爭力，來面對並重新適應這個新市場經濟。但是，教育和教育工作者沒有足夠的能力進行這些改變，因為在過去他們未能成功適應科技的發展。事實上，教育、社會與科技的關係並不是一種迷思，在某些事件上，它獲得了實證的證據和經驗的支持，它毫無疑問的成為了一種文化資源，成為重要的論述，它讓教育工作者、政策制定者、父母和設計者在沒有太多反思的情況下，在當下做出決定並採取行動（Facer, 2009）。

以色列著名歷史學家、暢銷書作家 Yuval Noah Harari 在其新書《今日簡史》中指出，人類正面臨前所未有的各種變革，這些變革很有可能改變人生的基本架構，讓「不連續性」成為最顯著的特徵（華哥，2018）。儘管社會與科技的變革影響了教育的走向，但不可諱言的，在面對此巨大的改變，教育決策的制定者仍應深入探討幾個存在的問題：（一）迎向未來的發展雖是不可避免的，無可爭議的，不可改變的，但未來不是一個可以由個人、組織和社會力量塑造的世界，而是每個人都必須提早適應並做成決定的願景；（二）雖然這種變革提供未來發展的圖像，但此種變革的重要性不僅是在經濟領域，而是必須兼顧到我們對自我、社區和社會其他層面廣泛而深刻的改變，這些改變在未來的幾十年中可能會隨著我們採用不同技術而出現（O'Hara, 2007）；（三）儘管確保年輕人能夠在未來為自己創造生活收入的願望是完全合理的，但教育應關注的功能不僅僅是使年輕人為未來正規市場經濟做準備；（四）面對未來發展，甚麼樣的教育變革才是變革，

應有更深入的探究。因此，未來的學校，將是走向科技導向的智慧型學校，是時時可學習、處處可學習的終身學習園地，因此，城市、社區、學校、教室、課程、教學都將重新詮釋與定義，學校與社會的互動關係，也將走向全新的策略結盟與發展。

周林莉（2021）談到，2014 年由美國教育部高等教育改進基金會，致力於證據本位的線上學習實踐和學習技術，來促進學生機會和成功，同年發佈《數位化學習創新趨勢》（Digital Learning Innovation Trends）報告，對全球數位化學習的 7 種主要趨勢和 3 種次要趨勢，其主要趨勢如下：（一）自適應學習（Adaptive Learning）。（二）開放教育資源（Open Education Resources）。（三）遊戲化和基於遊戲的學習（Gamification and Game-based Learning）。（四）磨課師（Massive Open Online Courses，MOOCs）。（五）學習管理系統與互通性（Learning Management Systems and Interoperability）。（六）移動性和移動設備（Mobility and Mobile Devices）。（七）設計（Design）；次要趨勢則有：（一）混合學習（Blended learning）。（二）數據管理界面（Dashboards）。（三）虛擬實體\與人工智能（Virtual Reality and Artificial Intelligence）。

遠見天下文化教育基金會（2021）在未來教育談到，應讓思維跨出圍牆，學習不限教室，符合未來需求的教育該具備跨時空（Cross Time and Space）、跨領域（Cross Disciplinary）、跨社群（Cross Community）學習三個重要元素，在跨時空方面（Cross Time and Space）：首先，毫無疑問，後疫時代，科技的運用會更加全面，教、學雙方對數位工具的接受度、熟悉度，已成教育線上的抗疫基本配備。連帶而來的，是孩子自主學習、終身學習能力建立的必要性。其次，跨領域（Cross Disciplinary）部分：主題式學習將更加取代分科教育，成為培養孩子多元能力的方法。越來越多教學者體認到，放下填鴨考試、打破科目藩籬、進行合作與共備教學，才能培育孩子面對未來競爭的跨領域能力。最後，在跨社會（Cross Community）

部分：學習不限於教室，唯有讓思維跨出校園圍牆，與社區生活結合、關心社會脈動，學習才具有意義。

郭伯臣（2020）經由台灣防疫（COVID-19）期間，各級學校線上教學演練調查結果指出，線上教學成效仍有待評估與改善，其所面臨問題與挑戰如下：（一）教師數位教學意願與能力待提升：多數教師未曾有線上教學經驗或不習慣 線上教學方式，影響線上課程實施品質；（二）學生尚不熟悉各類平臺使用：線上教學演練期間，面臨學生尚不熟悉各類平臺使用問題，須引導學生善用資訊科技輔助學習；（三）數位學習環境整備不足，學校學生全面上網，導致網路頻寬需求增加，為解決疫情期間學校網路頻寬及資訊設備不足問題，需擴增學術網路頻寬、補充學習行動載具及充實數位學習平臺與資源等，讓師生實施數位教學與學習都能順暢使用；（四）數位學習教材尚待補強：因應數位學習及線上教學課程的推動實施，教師需要新型態的數位課程內容與教學資源，需要持續與民間合作提供師生線上教學與學習所需資源與服務，並且補強具備適性學習之線上影音教材，以幫助教師準備新型態課程的教學和支援線上自主學習等。

學習者需求不斷的改變，以及數位科技對教學和學習的影響，以人力與資源豐沛的高等教育而言，大學應進行深刻的思維轉變。首先，大學必須明白，創造知識並與學生分享知識是不夠的；其次，大學對於過去所做的應有更多自我省思和自我批判，且必須更關注於學生（Gallagher & Garrett, 2013）。Ernst、Young（2012）也提到，大學在運作與資產的基礎上，需要進行精簡、重新配置，同時納入新的教學和學習傳遞機制、開展市場管道以及增加對利害關係人期望的影響力。

「數據革命」催生了我們的網絡世界，數據不會減少，隨著時間的推移、隨著越來越多的服務和人口數字化、我們的數據資源呈指數級增長；數據也不是一種競爭商品，一個消費者的使用並不妨礙其他消費者同時使用它，事實上，它的價值隨著它的使用而增加，處於網際網絡與大數據時

代，教育系統對於未來教育的發展應更有感與積極的作為。然而，許多作者提出數位科技對於改善學生學習體驗的效能感到擔憂（Sledge & Fishman, 2014; Kirkwood & Price, 2014; Laurillard, 2008; Resnick, 2002; Yelland & Tsembas, 2008）。數位科技帶來新一波的教學與學習熱潮，但若一味追隨科技，忽略了教學效能與學習成效的教育重心，就忽略了教育日益精進的未來展望與圖像，是值得深思的課題。

　　面對未來，首先我們要去了解的是，知識的來源為何（是來自於學校教育、網路、家庭、他人、生活環境與工作職場、還是透過這些途徑的多元學習）？迎向數位年代，學習的途徑將有所轉變，儘管運用網路學習將凌駕於其他學習管道，然多元管道的學習途徑亦將存在於學習社會中，學校教育必須因應數位科技的誕生與發展以及可能產生的議題，須做好校內應有的變革與調整；其次，面對未來社會，我們究竟需要具備什麼能力？所謂個人的軟實力與硬實力，個人能力、個人魅力將顯得相對重要，學術知識、實踐能力亦是重要配件。最後，終身學習將是迎向未來社會的不變原理，唯有不斷學習方能因應變動不羈的社會發展趨勢，隨時具備全球市場應具備的知識、技術與能力，方能擁有全球競爭力，讓個人與組織立於不敗之地。

第三章　未來教育

　　世上永遠不變的原則就是「變」，只有不斷求新、求變才是組織永續發展的利器。Roth（2016）談到，所謂「變革（change）」包含幾種定義，例如「變得不同」、「經歷轉變或過渡」、「從一個階段到另一個階段」、「進行交換」；而「不確定性（uncertainty）」也有一些定義，例如「對某人或某事不確定的情況」、「不確定的狀態」、「懷疑」、「猶豫」、「懷疑或猶豫的實例」、「不可預測性」、「不確定性」、「缺乏保證」等。雖然變革有著不同的詮釋，其中值得關注與進一步詮釋的是，「變革」是不可避免的，因為沒有社會或個人是永遠處於靜止狀態，變革是人類生存的自然因素，它是一個動態的過程，隨時都在發生。

　　BEED（2019）針對2050年的教育會是什麼樣？提到經由國外媒體調查分析的7個未來教育的趨勢包括：（一）廣泛的在家學習：由於教育需要提供更多的個人方法，因此在家學習成為優先考慮選項。學生們將能夠在他們想要的時間，學習他們想要學習的內容以及學習多久。這種學習方式給予學生身體、情感和宗教上的自由，以及與家人共度更多時光的機會。（二）個性化學習：學生將使用適合個人能力的學習工具來學習內容，當達到一定水平時，學生將面臨更艱巨的任務和問題的挑戰，學生將有機會進行更多的練習，直到達到要求的水平。（三）更多的電子學習平台：在電子技術的幫助下，知識的傳遞方式將在網路線上平台流動。學習將結合虛擬現實和多種視角。新的平台將給學生提供一個學習如何在網上協商問題和交換意見的機會。（四）沒有實體校園：可能不會有我們今天所知道的校

園，學習將不僅限於實體學校，旅行教室和現實的世界環境將成為一個新的校園。城市圖書館和城市實驗室將繼續幫助學生完成他們的項目。（五）基於項目的學習和教育技術（EdTech）在課堂上的崛起：幫助學生編寫代碼的遊戲、教授機器人技術的玩具，以及各種讓教師能夠有效地向學生傳遞信息的應用程式，將會變得普遍。技術將促進教學的創新，學習將變得更具創造性和實用性，學生將更具批判性思維和解決問題的能力，考試將被學生通過創造性項目的表現所取代。（六）老師作為指導者：教師的角色不僅僅是傳授知識，還要識別學生的優勢、興趣和價值觀。他們的主要工作將是指導學生在他們作為創新者需要指導的領域。教師扮演促進者的角色，支持學生發展他們的思維和學習方式；教師為學生制定學習計劃，讓他們獲得所有必要的技能，以適應即將出現的任何職業模式。（七）優先考慮社交和情感技能：為了在未來的工作場所中茁壯成長，創造力、協作、溝通和解決問題等技能將成為未來專家的必備能力，因為市場上需要上述技能的就業職場將大幅增加。在課堂上，學生通過討論、小組合作、問題解決和小組反思等方式學習 SEL（Social and emotional learning）技能；家長也鼓勵孩子發展 SEL 技能，參與到孩子的教育中，並提供一個安全的環境，促進他們的進一步發展。

　　當我們面臨社會轉型進入永續發展的挑戰時，教育始終身處前線，進行責無旁貸的變革。儘管作為教育工作者的我們相信教育的力量，並對實現永續發展扮演重要且積極的角色，但我們必須充分意識到，如此的變遷將帶給教師、學校和系統巨大的挑戰。教育必須清楚社會、環境和經濟永續發展的定義，以便在不確定的條件下的管理變革過程做出正確決策。毫無疑問，無論是經濟、社會還是環境事務的地方和全球事件都會影響學校和教育的運作，教育不應忽視它們，而應提供一個安全的環境來討論和處理這些事件的影響，並能設計、規劃與傳遞全球公民所需要的內容和技能給予學生，方能因應未來的需要。

組織要適應環境的變革,應創建具有一個具有共同願景的學習型組織,持續強化適應與改變的能力,以新的思維方式,將組織視為一個夥伴關係,願意公開交流並共同努力實現組織願景。教育長期處於一種變革與不確定的因素,直接受到社會、經濟、環境的變革與數位科技的發展的影響,必須儲備足夠能量,因應未來發展,做好教育最佳準備。

一、數位時代的終身學習

學習是終身的過程,此觀念的倡導並非新的觀念,歐盟早在 1996 年即宣布終身學習年並宣布終身學習不僅「增強長期就業前景」,也強調諸如團結、寬容和民主參與等價值觀(European Union, 1995),並在 2000 年歐盟高峰會確認要從「終身學習」角度,為教育與訓練系統建構一套「關鍵能力(key competence)」(European Commission, 2006)。;我國則在 2002 年制定《終身學習法》,最近一次修訂在 2008 年,將推動終身學習理念規範於政府政策,作為政府落實終身學習的依據。

人類已邁入一個新的資訊時代(information age),新科技的發展,成為教學與學習的輔助工具。傳統的教學工具、設施與教材,都因資訊時代的來臨而不得不面臨轉型與更新。迫使第一線的教育工作者不得不參加在職進修,據以學習資訊化的教學方法,師生也必須透過資訊設備作為教與學的途徑,行政人員也透過知識管理作為提升行政效率與效能的溝通與交流平台(楊國賜,2011),因此,因應急遽變遷、知識爆炸及科技發展快速的社會,每個人都應持續充實新知,以應付各項變化,終身學習更顯重要,必須將正規的學校教育及非正規的各種學習機會兩者做整合(楊國賜,2014)。值此數位科技時代,轉型加速工作世界的變革和波動,非正式和終身學習變得更加重要。當前的正規初始教育需要在整個生涯發展中,輔以

各種學習機會，European Commission（2017）即將終身學習視為「改變教育的 10 大趨勢」之一。因應數位時代終身學習的轉型，提供更靈活的學習途徑、不同教育和培訓部門之間有效的過渡與轉型、對非正規和非正式學習更大程度的開放，以及提高透明度和認可制的學習成果，將在終身學習的下一站逐漸嶄露頭角。

　　數位科技為終身學習創造了遠遠超出傳統教育體系的新機會。Redecker 等人（2011）在歐盟（European Commission）報告書，「做好未來學習變革準備（The Future of Learning: Preparing for Change）」一文提及，未來終身學習策略整體架構圖將是與資訊科技結合、跨域整合的學習架構，如圖 1。

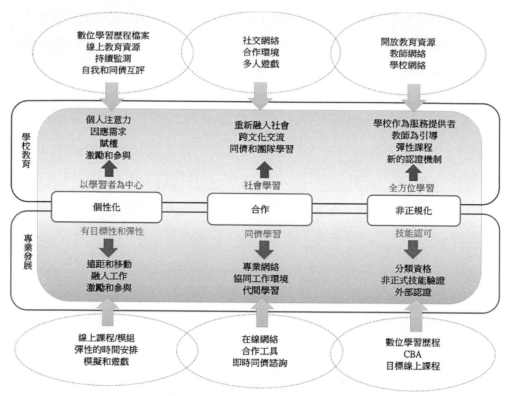

圖 1 未來終身學習策略整體架構圖

　　由圖 1 可知，開啟未來學習的關鍵，將是推動個性化學習計劃和量身定製的學習活動。首先，個性化學習將促進學習者與社會和文化融合，幫助他們克服語言障礙；並將使教師能夠發現有輟學風險的學生，幫助他們診斷問題和學習需求，並提供重新參與的策略；它將藉由提供更具吸引力和挑戰性的學習機會來幫助培養人才和促進卓越。多元技術將提供多樣化的學習活動、工具和材料來支持個性化；透過持續監測與支持診斷策略的工具，完成形成性和總結性評估；經由提供教育資源、允許實施合作項目、通過提供具有激勵性、吸引力和吸引力的學習機會以及支持多語言環境。

　　其次，在協作方面，教育與培訓機構需要重新與社會聯結，以有效地

調整學習目標和社會需求。未來社會將更加跨文化和靈活，年輕人需要藉由諮詢與指導才能適應急速變化的複雜的世界，並從中找到自己的出路。學校必須為他們提供所需的指導與互動，提升學生相互理解和培育積極的公民意識。因此，不僅在課堂內進行協作，而且必須與整個社區以及來自其他社會、文化或年齡群的人進行協作。協作將變得越來越重要，以使年輕的學習者能夠適應日益多樣化和不確定的世界中的生活。虛擬學習交流計劃、基於互聯網的跨文化交流、線上大型多人遊戲、模擬和其他基於互聯網的服務可以幫助學校讓學習者在安全和受保護的環境中體驗、理解和反思社會發展。

最後，在非正式化方面，過去，學校的主要功能之一是讓所有公民都能獲得知識，今天，數位已成為一種隨時隨地可用的工具，因此，學校未來的角色將是引導學生識別和選擇學習內容；尋找最適合他們學習風格和目標的機會；監控進度，重新調整學習目標和選擇，在出現困難時進行協助；實施可行的評量、認證和認可機制。學校將成為學習中心，為以學習者為中心的學習途徑提供指導和支持，根據個人學習需求、節奏、模式和偏好量身定製。而要實現這一目標需要彈性的課程、受過培訓能有效指導學生學習的教師、具備具體學習內容的評估策略與能力、以及允許將另類學習體驗融入學校教育。

European Commission（2006）提出終身學習的關鍵能力中，學習者應精通的八項廣泛能力包括：（一）母語溝通，（二）外語溝通，（三）數學能力、科學與技術基礎能力，（四）數位能力，（五）學習如何學習，（六）社會和公民能力，（七）主動性和創業精神，（八）文化意識和表達。UNESCO在 2009 年報告指出，當前高等教育仍無法有效運用資訊通訊科技在教學與學習上，因此需要強化以下技能：（一）讀寫能力，（二）問題識別，（三）問題解決，（四）與他人進行有效的進行溝通，（五）培養有紀律的思維，（六）解決道德困境，（七）培養創造力和主動性（Altback, et al., 2009）。

　　值此，當前應是創建新的經濟、社會和制度以追求所有人更美好生活的契機，透過數位科技進行跨域終身學習，是迎向新經濟與社會發展的重要關鍵。教育致力於所有學習者進行全人的發展，發揮他們應有的潛能，並能塑造一個個人、社區和全球福祉共享的社會。因此，孩子們需要摒棄資源無限的觀念、重視共同可持續性的繁榮和福祉、需要負責並賦予權力、將合作置於分工之上、具備問題解決能力等，以面對日益動盪、不確定、複雜和模糊的世界所面臨的挑戰，成功迎向未來生活。

二、教育系統的轉化

　　21 世紀的能力是未來教育戰略的重點。21 世紀的能力將無可避免的涵蓋解決問題的教學、闡述和組織、評鑑和反思、後設認知策略、尋求協助、自我調節策略、自我表達、自我質疑以及策略監控等能力。Weldon（2015）談到，要提供學生最好的學習結果，學校系統需要確保有最好的教學與學習環境，並授權教師能盡興靈活與彈性的教學，以滿足學生 21 世紀學習的需求。因此，針對未來教育策略應專注於以下幾個面向：（一）制定招聘流程和激勵措施以引進合適的新員工，加強成員的專業成長，建構校園多元的專業知識，以因應未來就業市場的需求；（二）建立校內和校外專業學習社群，擴大學習機會；（三）持續支持教師未來知識、技能和信心的成長，包括個性化學習、教學影響、學生福祉和包容性；（四）確保學校領導能強化教學和數據素養、領導角色和社區合作技能；（五）以更結構化的方法指導初任教師，如培訓與支持最佳實踐方法；（六）為師資養成提供專業的框架。

　　遠見雜誌（2018）從來自台灣各個角落的教師、校長、體制內外學校、社會企業及公私立機構等，深具影響力的 100 個創新教育個案中，評選出

優秀作品，並歸納出以下 6 個重要的新教育面向：（一）知識學習要有「感覺」：學會創造媒介、開發工具，即使一切從零開始，亦可化不可能為可能。（二）舞台是多元的：教育不侷限於傳統學科的學習，要運用多元智能的觀點，讓每個孩子都有探索天賦潛能的機會，找到屬於自己的生命舞台。（三）教室之外也能學習：走向自然、走進社區，讓學習連結真實的生活情境，培養孩子自主行動、溝通互動、社會參與的素養能力。（四）科技打破學習藩籬：適當運用科技工具，可以讓學習不再只限於教室中、一本教科書。因此，學習使用科技工具，以及學習使用科技工具學習，也是未來新課題。（五）培養人文素養：面對人工智慧的崛起，擔心機器人搶走未來的飯碗，未來教育應加強培養人文素養，包含設計思考、美感、情緒教育等等。（六）跨界或不跨界的社群力量：集結社群的力量令人刮目相看，眾人齊心協力，追求更美好的教育。

　　Facer、Sandford（2010）認為，在面對未來 25 年，應建構一套教育方案與實踐行動：（一）設計「網路學習課程」：這樣的課程將使個人能夠為了教育、社會和公民目的在網路中進行學習並有效地工作。這樣的課程可能包括：與工具、資源和合作者互動進行評估；培養管理科技和知識資產的能力，建立聲譽和信任，培養遠程工作和在中介環境中工作的經驗；創建新的學習網絡；反思如何學習與個人、社會和其他領域相關工作生活，管理和協商這些關係；探索社會技術網絡中涉及的人際關係。（二）要超越教學法，轉向課程辯論：新興科技發展出移動的教學新模式以及與人和人工製品互動學習的理論化。理解未來幾年可能出現的任何新興科技、新興的認知或新的社會技術組合是我們要面臨地挑戰，並能進一步使用這些工具建立新的教學實踐。（三）發展跨學科合作，並能進行倫理辯論：在未來 25 年中，使用的新興科技來實現教育目標，可能引起了倫理問題。如果我們要為跨領域合作所可能產生的倫理議題進行辯論，並做出有見地的貢獻，我們需要開始對教育環境中的社會、生物、技術、文化和歷史元素之間的

相互關係，進行豐富的跨學科解釋。

　　Braun 等人（2020）針對將歐洲教育面對數位科技轉型的探討中認為，為當今的學生做好未來的生活和工作準備，從而保護歐洲在社會各階層的全球競爭力和社會包容性，應針對以下面向做好因應：

　　（一）決策者和公共行政部門：1.提供有關最佳實踐範例並進行傳播和適應，以改進並建立成功的模式；2.推動數位教育並支持制定關於數位保護問題的明確指導方針；3.建立非官僚體系的教育軟體與數位工具的審批流程，同時確保這些工具的科學基礎並遵守數位保護、非歧視等標準；4.開放並標準化教育軟體（特別是開放教育資源）的開發；5.於落後地區投資學校數位科技基礎設施。

　　（二）教育工作者和培訓人員：1.將數位教育納入基礎和持續的教師培訓，並使其標準化；2.提升和強化教師專業發展的創新方式，包括「同儕學習」，即由教師和與教師一起教與學，以及大規模開放線上課程（MOOCs）；3.在學校端引入數位教練，幫助教師使用數位工具，開發和應用適當的教學方法；4. 加強對數位概念和媒體發展計劃的支持、創建和發展知識庫，並能使用數位技術進行有意義的教學。

　　（三）研究：1.確保數位時代能以證據為本位的教育政策發展，並能建立嚴謹的配套科學，定期評估教學方法和師資培訓的效率和效果；2.確保公共資助的數位時代教育研究結果的公開與可取得，以便所有利益相關者，包括政府、公共行政、學校、教師和家長，都可以利用現有證據；3.促進和提升數位教育（應用）研究人員、專業教育工作者（教練）、師資教育和政策制定者之間的密切合作與交流，促進從研究到實踐者和決策者的知識轉移。

　　世界教育創新峰會（World Innovation Summit for Education, WISE）是目前世界範圍內唯一關注教育創新的跨領域國際會議，於 2009 年正式開幕，每年舉辦一次，WISE 教育項目獎被稱為世界教育界的「奧斯卡獎」。

WISE 曾發起過一項關於全球教育發展的調查研究，主題為「2030 年的學校」，匯集了全球 WISE 社區超過 15000 位成員中的 645 位教育專家的觀點，表達了他們對未來教育的認知，調查發現如表 1（BEED, 2019）。

表 1 未來教育認知調查統計

項目	調查結果
知識來源	依序為線上內容、實體教學、社會和人際環境、工作場所、文化機構
技術與能力	依序為個人能力、實踐能力、學術知識
能力評估	學校文憑（39%）、職業認證（37%）、同行認可（24%）
學習	長期正規教育（8%）、終身學習（長期正規教育 50%、短期正規教育 40%）
教師角色	指導學生（73%）、傳授知識（19%）、線上檢查（8%）
課程	客製個性化課程（83%）、標準化課程（17%）
語言使用	全球語言長期正規教育（46%）、區域語言（19%本地或本國語言（35%）
大數據	建設教育社區（68%）、發揮決定性作用（20%）、不常用也不危險（12%）

資料來源：BEED（2019）。「學校 2030」、「教育 2050」，未來的教育到底有著怎樣的圖景？http://read01.com/OAzPM8z.html

　　由表 1 可知，未來學習將不再只限於正規體制的學習，而是透過多元管道，進行終身學習的時代；未來的學習夥伴將是結合學校、社區與所有教育利害關係者的組合；未來學習內涵將逐漸偏向客製化課程設計，適合不同學習者的需求；未來能力的評估，將走向多元展能的境界，具備跨領

域的知識、技術與能力；此外，具備多元語言能力，更能強化個人學習的管道與能力。

　　對於高等教育變革的促進與阻礙因素，Glasby（2015）將不同學者見解整理如表 2。

表 2 高等教育變革的促動與阻礙因素

作者（年代）	因素
Laurillard（2008）	1.教育是一個擁有強大驅動因素組成的複雜系統—評鑑、課程、檢查/品質要求、資金流動、升遷標準—這些都沒有因科技的因素而發生重大變化。 2.科技變革非常迅速，教育沒有為數位科技帶來根本性變革。 3.教育系統由領導者執行運作，但他們缺乏適當的科技潛力，無法有效執行運作。 4.教育不容易商業化或全球化，因此無法因市場趨力的刺激進行創新。 5.教育系統變化緩慢，因為它們科層體制指揮和控制系統，而不是權力下放的彈性適應系統。
Ernst & Young （2012）	1.知識和取得的民主化—線上"知識"可用性的大量增加以及接受大學教育機會的擴大，意味著大學作為知識的創造者和保存者的角色發生了變化。

作者（年代）	因素
	2.知識無處不在 3.接受高等教育的機會擴大 4.增加對新興市場的參與
Gallagher & Garrett（2013）	1.取得高等教育被視為一種商品 2.教育和學習的產業化 3.大學所在地需求的新部門和機構 4.從事高等教育治理營利性產業的興起 5.理念、知識和教育的商業化。
Wellings（2013）	1.數位經濟和新科技的出現——大學必須改變其教學、研究、結構和營運模式，以進行快速、廣泛的服務。 2.保有全球化與區域性的領先地位 3.經濟和產業重組—大學是提供技術人力以滿足經濟不斷變化需求的核心。 4.提高生產力的需要——面對緊縮的政府預算和其他財政壓力，大學必須提高生產力。

　　由表 2 可發現，高等教育雖屬知識、技能與學術創新的殿堂，然資訊科技的發展也帶來不少的衝擊與變革，其中在課程、教學、評量、研究與學生輔導等重大教育驅動與重要品質因素，更是首當其衝。高等教育必須有感於社會環境與全球市場的變化，有效的因應與規劃未來的策略。

　　以學校最密切的教育夥伴－社區來看，近年來學校特色的建立、社會責人的展現總與學校所在社區產生密切連結，正如 Maier 等人（2017）指出，學校社區關係的運作取決於當地脈絡背景，他們提供學校與社區關係的四根「支柱」：（一）綜合學生支持；（二）擴大學習時間和機會；（三）

家庭和社區參與;(四)協作領導與實踐。他們更進一步指出,社區與學校可以對學生和學校成果產生積極的影響,包括滿足低成就學生的需求、家庭和社區參與能給予學生必要的支持,如學校課程與社區的結合對學生成績有重要、積極的影響。

因應未來,教育系統存在著許多促進因子與阻礙因素,必須積極推動與克服。學校必須引進「對」的教育員工加入學校團隊運作,培養具備數位領導、行政、課程與教學以及評鑑的數位人才;必須積極參與生活中各個面向,他們需要在不確定的環境中跨越多元的環境脈絡,例如:時間(過去、現在、未來)、社會空間(家庭、社區、地區、國家和世界)和數位空間;他們也需要與自然世界接觸,欣賞它的脆弱性、複雜性和價值;最後,必須具備對未來教育的認知,做好本身角色與功能的轉化,實現未來教育的目的。

三、學習夥伴策略

縱觀變革的驅動因素,皆強調「學校」和「學習者中心」將成為學生、家庭、教育工作者和社區的生活組織,這樣的學習組織是一個持續參與的過程,希望人人都能成為參與全球社會的公民,更最重要的是,我們必須關心每一位學習者的迫切需求-不僅僅是學校教育工作者,他更包含了學校外部的創新者,他們都積極參與創造學習的未來。此外,隨著未來的發展,學校社區的連結更加密切,學校將成為促進健康、環境活力、學術成長、學生福祉和社區聯結的重要場所;學校將成為動態的、社區的系統和網絡,聚焦於學生彈性學習,並促進社區的復原力,致力於學校與社區共同成長。創建學校社區的動力,需要集結教育工作者、家庭和其他公民以發展新的能力,需要深化網絡能力及使用互動媒體籌組夥伴團體,促進行

動的能力，為此，創建平台跨越組織或社區的界限，來協作和運用眾人的「集體智慧」　進行「分佈式創新（distributed innovation）」便是重要的策略。

World Bank（2018）提到，教育作為一項基本人權，需要提供所有人獲得相同的、至少是基本的學習機會，使社會能夠減少不平等、提高人力資本、增加經濟機會、創造財富以促進社會流動。國家應探索不同教育策略，建立公平、包容的新學習環境，特別是為了確保優質教育，能針對在正規教育系統之外服務不足和技能不足的社區青年提供適當的教育措施，例如在正式教育系統之外至少，提供多元化教育資源和自主學習體驗；評估教育系統以促進對於課程框架教育資源（平台、課程、書籍、教師的指導和培訓等）的更新和認可；持續動態的技能發展以及在不斷變化的世界中予以重新定義。未來教育體現著促進整個教育系統的創新，縮小學習、學校教育和就業能力之間的差距。國家應該擴大教育系統新的合作、開放政策和討論，聚集所有利害關係者，引領進程並促進在此新趨勢下整體和統合政策。

教育的未來策略定位是以學生為中心的學習方法，滿足每一個學生的福祉與需求，讓學生能依據自我的教育路徑，不斷發展他們的的興趣、知識和技能。Harris 等人（2013）指出，所有學生的成果都可以通過以學生為中心的教學方法，建立共同願景，改變教育的傳遞方式。因此，未來教育的首要策略包括：（一）擴展和評估有效專題導向的學習模式（project-based learning models）；（二）確保學生學習的個性化和彈性；（三）將 21 世紀所需的能力融入當前的課程；（四）增強學生的幸福感和心理支持，確保學生的學習彈性，並為未來做好準備；（五）確定並建立證據本位（evidence-based）的實施計劃；（六）繼續加強文化融合。然而，在以學生為學中心的理念下，所以學習的利害關係人均應投入於學生的學習活動中，架構完整的學習夥伴關係。Robbins（2014）亦在「架構教育的未來」一文談到，要

創造教育的新未來應該含括以下要素：（一）投資於管理夥伴關係的能力；（二）強化家庭參與；（三）利用數據學習和協作科技；（四）建立跨領域與地域的學習網絡。

　　成功的教育需要政府政策的支持、敬業的教師、卓越的學校領導者、一流的課程、社區、父母與家長等構築綿密的教育網絡。政府有效的教育政策方能扭轉教育表現不佳的局面，建構優質的教育；學校應該提供學生更多學習機會，激發學生靈感、好奇心與熱情的探究式學習；父母需要得到更好的支持，與教師成為孩子們的共同學習者；學生的學習需要與社區、文化和歷史等有更好地連接；而卓越的學校領導者，需要有效鏈結學生學習的夥伴關係，建構優質的學校教育，這是未來教育的必經渠道。

　　「未來教育」並不是對「現代教育」的全盤否決，它是在現代教育基礎上對學校教育進行轉型，讓教育可以更貼合未來的需要，學校、教師、家長、學生能邁向更好的「未來」。Ericsson（2012）、Frey（2007）談到，未來的教育系統必須從重視教學的機構轉化為更加重視組織學習，教師將設計具有挑戰性的學習活動，學生將隨時隨地選擇任何適合的工具，以及選擇適合他們學習的速度，教師的角色將從學科專家轉變為引導和教練的角色。二十一世紀的教師將評估學生的技能並確定和設計學習活動，以幫助他們獲得更深入的理解。持續的形成性評估對這種方法最有效，因為它允許教師在課程中調整他們的策略以獲得最大的效果。郭涵（2017）認為，「未來教育」的確已經到來。超越學校教育的「終身學習」早已深植人心，隨著走班上課、STEAM（集科學、技術、工程、藝術、數學多學科融合的綜合教育）教學、研學旅行、「翻轉課堂」等不斷湧現的新現象，都在讓教育人意識到：教育正在從「知識中心、課堂中心、教材中心」走向「學生個性化學習為中心」。莊淇銘（2008）對未來教育的新思考為知識管理取代學習、學生主體取代教師主體、未來觀取代守成、能力取代學歷、開創取代收斂、多元評量取代單一評量、人師取代教師匠等。

　　在未來學習方面，UNESCO（2014）談到，移動科技是改變數位落差到數位利益的關鍵，能帶來公平與優質的全民教育。移動學習涉及移動技術的使用，無論是單獨使用或與其他資訊通訊科技結合，將能隨時與隨地進行學習（UNESCO, 2013）。承上，「未來教育」將逐步走向「智慧教育」。「智慧教育」是一種整合性的概念，意指「透過智慧設施的學習」、「學習者為中心的優質學習」、「自我導向的學習」、「智慧的客製化學習」以及「合作互動的學習」（Inae et al., 2012; Kyusung et al., 2011; Sanghyun, 2010）。「智慧教育」是自我導向的學習，學生在任何時間、任何地方，皆可透過資訊科技進行學習；「智慧教育」是以學習者中心的教育，重視學生的學習興趣與動機，提供學生適性與客製化的教學；「智慧教育」乃在統整網路資源，強調課程教學的豐富性，評量的多元性，提升學生創造與問題解決的能力（蔡金田，2018）。相關學者（Igoe et. al., 2013; Jang, 2014; Jeong et. al., 2013; Kim & Oh, 2014; Sykes, 2014）在分析綜合智慧教育的相關文獻指出，「智慧教育」應包含三個主軸：移動學習、數位教材與雲端資料庫（如圖2）。

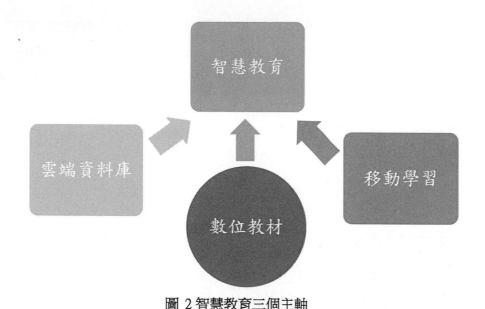

圖 2 智慧教育三個主軸

茲將圖 2，智慧教育三個主軸說明如下：首先，「移動學習」有助於學生透過資訊工具，於任何時間、任何地點進行課程學習，完成教育任務，增進學習效能（Igoe et al., 2013; Rothman, 2007; Sykes, 2014）；其次，「數位教材」是未來取向，藉由科技設計更具吸引力的教材，數位教材有助於自我導向學習，學生在數位環境下，可依自己的能力與技術，取得適合的教材進行學習（Jang, 2014; Sanghyun, 2010），它是在數位環境的孕育下，為學生客製化學習的教材，而不只限於一般的學習內容（Jang, 2014）；最後，「雲端資料庫」是電腦資源的使用（軟體與硬體資源），透過網路來傳輸教育資源，具有以下特性：（一）雲端資料庫必須進行快速的更新與管理，以提升資訊取得的方便性；（二）雲端資料庫的建立則有助於節省學校成本；（三）雲端資料庫可從任何地方取得資訊並加以運用、能夠有效支持教學與學習、有助於進階的學習與研究、提升教師工作的便利性與學習的有效性；（四）雲端資料庫可由不同型式的教材組成，如電子檔、影音檔等（Barhate & Narale,2015; Jang, 2014; Jeong et al., 2013; Kim & Oh, 2014）。

雖然教育雲是資訊科技的發展趨勢，但審視當前教育現況，仍有不成熟尚待克服的問題，正如林心慈、陳淑美（2018）認為，雲端學習仍有以下其需要思考的隱憂與挑戰：（一）重新思考推動雲端學習的目的：雲端學習的目的是否符合教育的真正需求，而不能只是配合雲端產業的發展政策，而隨之改變的。（二）雲端學習帶來的數位差異再製：家庭社經背景與城鄉差距的影響。（三）雲端學習學校設備與內容資源的問題：軟硬體設施與網路資源的豐富化。（四）家長與學生對雲端學習的態度：學校在推動數位學習時，除了會遇到家長的抱怨與不信任的問題外，學生長期接觸數位產品追求刺激感的學習卻愈來愈鮮明，影雲端學習成效。

　　智慧教育的實踐，數位化資訊科技基礎設施為其標準配備，必須經由資訊網路與資料庫的建置來傳遞、分享與進行學習。而此數位化資訊科技基礎設施的充實，有賴政府經費的挹注方能竟其功，資訊科技基礎設施的水準與品質，將帶來不一樣的智慧學校效能；其次，要有效落實智慧教育的實施，必須進行學校課程教學與學習評量文化的革新，因此學校教育人員必須在觀念、角色、態度與執行上進行調整，在以學生為中心的核心理念下，經由教師的引導，協助學生成為積極自我導向的學習者，透過數位資料庫的知識效益，培養具備未來生存與競爭的能力；最後，除了進行教育人員數位課程、教學與評量等專業能力需求新求精外，教育人員具備知識管理的專業知能亦相當重要，唯有平時做好 e 化行政、課程、教學等教育資源之有效管理，方能滿足雲端資料庫與數位課程教材之取得與更新，達成時時可學習、處處可學習的未來教育模式。

　　隨著學習資源在世界各地的城市和社區激增，多樣化的學習場域已成為學習生態的趨勢，學校與社區也能成為世界的教室。由於學習場域的多樣化，動態學習生態系統已然成形，這些學習生態系統將利用學校和社會資本，幫助個人、學校與社區建立信任、統整地方資源、建立合作框架，透過人員與資源的合作以及使學習可見的機制（例如遠距、網站等）進行

學習交流，建立學習地圖。這種學習地圖的新維度將需要新的核心技術來
提高學習的可見性和參與性，其中包括導航新的視覺學習、識別學習資源
以及利用網絡學習，以創造學習未來的機會，為學習公平問題帶來新的透
明度，以創建靈活的教育。

第四章　未來學校

　　全球化加速國與國的連結、區域組織的結盟，教育在不同國度與跨國機構組織，在系統的模組下進行比較，更能深入了解不同國度與區域辦學的有效性，學校教育在不同時空背景的發展趨勢下，也將呈現不同的教育風貌。學校有不同的歷史根源、與當地社區的連結關係，以及隨著學校所處不同社會與經濟結構而有不同發展特色，諸如「學校是什麼」和「學校的基本目的」便會有不同差異，這樣的差異不僅在國際之間，即使在國內，關於學校基本目的的政策層面都存在著個人和社會層面的鐘擺效應。Mazurkiewicz（2016）談到，學校在一個複雜且不斷變化的特定世界環境中運作，面對從生態到人道主義的挑戰，因應這些挑戰，教育首先需要意識到這種環境的背景脈絡。郭涵（2017）在迎接走向未來的學校教育轉型一文中提及，學校要加快建成智慧校園，用好「教育雲」和「大數據」。開放的學習系統是智慧學校發展的主要趨勢，學生透過數位開放系統取得知識，並在學生與學生、教師與教師以及學生與教師間進行分享（Helmer, 2017）。

　　當前，大多數教育系統都處於過時的信念，如缺乏對意識形態危機的認識、支持新自由主義和自由市場、壟斷的知識秩序、民主文盲的增加以及傾向於專業化和狹隘的專業知識和控制，而妨礙了支持合作、參與和創造力的變革，因此，教育需要自我組織、時間管理與深度思考，而不是快速解決這些問題。因此，學校教育應跨越個人與社會目的，重視文化歷史底蘊，學術和跨學科橫向能力發展等；必須了解不斷變革的環境脈絡，深

度思考所處的場域與困境，即時因應變革並進行合作與創新，方能成就全人教育的目標。

一、多元化的知識來源

生活在一個知識社會中，必須了解如何以及何時使用工具取得知識，以解決生活所面對的問題。然而，雖然知識越來越多，但人們似乎仍然以驚人的速度遭遇挫折或失敗，這個世界告訴我們生活的複雜性，似乎超越了可應用於解決問題的知識，未來的不確定性，讓人類不得不明智地接受自我的無知，而必須採取相對的行動以保有為人處世的信心。這顯示了生活與知識的緊密結合，生活所面臨的問題需要更多策略性的知識來解決，優化每個人的生活品質。

每一種專業知識，都包含了各種因果關係或各種手段與目標之間的關連，單一的知識領域，通常不足以處理涉及多種因素且具因果關係複雜的問題，因此需要結合各種不同的知識領域才能考慮周詳，面面俱到。在結合多元知識的過程中，不同知識的擁有者會從自己專業的角度，用自己專業的語言，針對同一問題或決策，提出其專業角度的見解。不同專業知識，一方面存在著互補累加的關係，一方面也互相形成各種限制條件，無法同時相容。能夠結合或考量多元知識，提出的解決方案不僅可能更有創意，而且在執行過程中也比較不會出乎預料或遭遇瓶頸（司徒達賢，2011）。

資訊科技的日新月異，電腦及網際網路的普及化，不僅與人們的生活緊緊相連，也讓人們的學習跨越了時空的距離，對於傳統資訊的記錄、儲存、應用、傳遞、分享與溢出也正式進入了以科技為基礎的知識管理時代。當今數位學習科技的研究與發展，逐漸成為教育改革的重點，學生藉由熟悉的數位化介面，提升其學習動機與成就（Hwang & Wu, 2012）。由於資訊

科技與網路覆蓋的密集，傳統的課堂教學已無法滿足今日處於數位原生（digital native）時代學生的教育需求（Prensky, 2001），利用網路所所創造的學習環境，有助於培養個體自主學習與終身學習，並規劃出以學習者為中心的個性化學習模式（Khan, 1997），加上近年來以網路為媒介的學習逐漸普及化，線上教材以同步與非同步的方式建構網路的教學平台，更讓學生學習知識來源更佳的多元化。

　　雖然網路學習已成為傳統實體學習外的另類學習方式，數位原生世代的學生，能快速地搜尋、擷取並處理網際網路的大量資訊（Lorenzo & Dziuban, 2006），個體亦可以經由自主選擇網路資源，透過共同的社群或團體，來建立學習者與引導者或是與同儕之間的交流，獲得成功學習的經驗（江瑞菁，2011）。但是研究顯示，具彈性與互動特性的網路超媒介系統未必能有效輔助學習，特別是低能力的學習者（DeStefano & LeFevre, 2007）。透過網際網路搜尋或分享資料雖具快捷與便利的特性，但若全然依賴線上資訊做為知識來源，捨棄原有的專業期刊或專書的深度閱讀，將會缺乏評估知識規準的嚴謹，無法對網路資訊作出正確與真實性的判斷（Hofer, 2004）；Strφmsφ、Bråten（2010）亦提及，網際網路具有多媒體、多元資訊、彈性以及互動性等優勢，然個別學習者獨立運作的網路科技知能，將產生不同學習者的個別差異，學習者在網路進行資訊搜尋或討論學習時，必須獨自承擔學習責任，並進行必要的自我調整。因此，對網路訊息可信度檢證與評估的判斷，需要學習者有意識、有目的地去啟動對知識本質與認識來源的辯證與反思（Hofer & Pintrich, 2002; Mason et al., 2010）。由上可知，在可預知的未來，網路學習與實體學習應同時成為學生學習的管道與知識知識取得的來源，但在推動學生網路學習時，仍應考慮網路學習應具備的能力與問題，方能為學生帶來更好的學習成效。

　　明日的學校教育（Schooling for Tomorrow）將重點集中在教育未來的行動思考，包括（一）未來思維的工具，例如對未來學校可能發展的方法

論反思和分析;(二)與國家和地區積極合作,應用和測試這些工具,進而建立一個未來教育思維的國際知識庫(OECD, 2018c)。因此,學校不再是學習的唯一場所,工作場所,家庭,社區和移動中的強大網站都提供了彈性學習(Carneiro, 2007)。課堂不再是唯一可以進行學習的地方,隨著網際網絡覆蓋率,許多新的教育內容、開放教育資源等,都將廣泛用於正式、非正式和專業學習(Tuomi, 2007)。智慧型手機的可用性和網絡覆蓋,提供人們隨時隨地進行學習,這種變化構成了從傳統教育機構走向混合、多樣化與複雜的學習環境,正式和非正式學習都可以通過各種教育機構和第三方提供者獲得。遠距協作能力的增強,將解構教育,新的公共、私人和第三方提供者將提供廣泛可用的面對面、遠距、基於工作和非正式的教育,而這種轉變將要求學校在新興的學習環境中重新定位自己(Gijsbers & van Schoonhoven, 2012; Redecker et. al., 2011)。

Jurko(2016)提出了學校層級實施可永續教育的 3Rs 模式。該模式中的永續發展教育涉及社會、環境和經濟方面,並提出透過與環境、學習者、教師和員工以及社區建立負責任和與關懷的關係來實現永續發展。該模式以學習者為中心,旨在借鏡學校現有的實踐方式和能力,包括學校具有彈性(Resilient)、資源(Resourceful)和反應能力(Reactive),茲說明如下:(一)彈性學校:係指當個人、學校和社區面臨壓力事件時,學校教育人員擁有足夠並提供支持的能力,能夠將逆境最小化和克服的技能;(二)資源豐富的學校:能夠從學校內部與創新,建立各種可資利用的資產和策略,利用當地社區的能量,融入學習者的教育,以及為員工提供優質的工作環境;學校能夠有效地創造機會改善學習環境與過程;能保持彈性、樂於創新,並隨時準備尋找新的與更好的解決方案;教師和員工在持續的專業和個人發展中得到支持和激勵;(三)具反應能力的學校:積極參與並有能力快速有效地管理不可預見的情況,提供問題的解決方案,這不僅影響學校本身,而且影響學校的社會、經濟、自然環境以及學校內的個人;有反應

能力的學校積極參與政策制定，並快速實踐政策變革，改善學習環境；通過解決問題並隨時適應可能面臨的各種教育和社會挑戰，為教育下一代提供一個榜樣和包容的環境。

綜上可知，學習需要一個持續的過程，在這個過程中，首先，教育工作者必須認知、理解及接受，學校是最適合學生學習的地方，因為它存在著激勵、動機與誘因交替複雜的關係；學校和課室環境能促進學生進行有效學習；它存在著父母、家庭和同儕群體對學生學習的影響；價值觀、態度和學習傾向的影響；它可以消彌性別、種族、階級和能力的歧視，獲得公平與正義；可以透過診斷工具和補救策略，改善學習障礙和特殊需求。其次，學校不再是學習唯一的管道，學生知識的唯一來源，科技發達與網際網路的覆蓋率，提供學生時時可學習、處處可學習的環境，成為學生學習的另一管道；再者，在未來老師、同儕、家庭和社區等更廣泛的夥伴關係會影響學習者的學習，在此「學習框架」下，學習者不僅是學生，還有老師，學校管理者、家長與社區，他們彼此互動學習、相互支持，與學習者共同學習與成長；最後，透過資訊科技融入教育的創新教學與學習，更能提升學生公平取得各項教育資源，進行加深加廣與補教教學的學習效果，而逐步降低因各種不同階級、身分所造成的不公平現象。

二、領導的變革驅力

就學校領導者而言，領導者可以放大教育者和學習者，採用合作技術、構建新的學習模式以及培養開放和協作的領導方法，重視正式系統、家庭學校網絡、夥伴學校、社區以及外部機構，並建構學習計劃。領導在教育系統的各個層面都發揮著關鍵作用，具備遠見、有洞察力、積極主動的領導者可以創建、激勵和培育卓越的組織，這些領導者和他們的團隊改變了

他們的工作與生活；相對的，若只是一味順從政策的領導者，將可能成為領導中的一種缺陷，將無法作為我們未來教育的設計者，因此，必須進行修補這樣的領導缺陷，畢竟學生只有一次機會。

Robinson（2019）認為，現在正是領導者停下來問自己（和他們的團隊）的時機，面對未來，在這個思路的基礎上，如何採取有效措施來創造我們所相信的未來系統。如果領導者不面對、解決這些問題，將由別人來為你解答，他認為當前領導者應面對以下六項問題進行反思：（一）允許自己走出「此時此地（here and now）」框架，了解當前學校的作為是什麼？例如：讓您印象深刻的大事是什麼？那些是有效的或無效的？最好的事情或最糟的事情是什麼？目前缺少什麼？還需要什麼？什麼因素阻礙了你？（二）教育的目的是甚麼？什麼時候與團隊討論過這個議題？（三）教育真正重要的是什麼？我們如何實現這一目標？（四）我們如何單獨與團隊就實現教育系統目標進行對話？您如何更明確地闡述重要的事情？您如何找到創新的方法來評估您的選擇？（五）您如何看待當前學校系統的設計與流程？你如何修正使其更為明確，並與你的團隊分享？您的價值觀在學校組織的系統和流程中的體現程度如何？（六）如何決定授權、刺激、激勵並獎勵老師和領導者的行為？哪些行為應得到獎勵？是否能挑戰他人所提不適合的行為？如何發揮領導作用，為領導行為進行辯論？

Leo 與 Barton（2006）談到，未來領導者在領導執行過程，將處於一種不自然與複雜的環境脈絡中；Goldsmith（2005）談到全球化是未來領導者應擁有的重要能力因子，全球化的市場在未來將是一重要發展趨勢，隨著環境競爭壓力的快速成長，領導者必須進行跨國間的了解，籌組組織專業團隊，創造組織成功的優勢，此外，Goldsmith 亦強調未來領導者應具備以下科技的理解能力：（一）領導者能運用新科技的智慧促進組織的成長；（二）吸收、發展與維持網路科技的能力；（三）知道如何運用新科技進行管理與投資；（四）扮演引導成員使用新科技的積極角色。蔡金田（2009）

提出，未來教育領導者應擁有八個領導能力－全球化思維、資訊科技的能力、夥伴關係的建立、組織內外部環境的因應、跨文化領導、分享領導、智慧領導與倫理的決定。由上可知，教育領導者如何運用本身的智慧遂行領導，並對於發生於組織內、外的事件進行深度的了解、敏銳的識別以進行正確的判斷，透過網路科技設施進行知識的擴大、擴展、傳遞與分享，並經由夥伴關係的建立以成就領導品質並建構組織內外競爭的優勢，是未來教育領導者的新思維。

　　資訊科技帶動學校教育生態的轉變，擁有完善資訊通訊設施與資訊科技能力的教育工作者，正在這波數位革命中扮演重要角色。誠如 OECD（2006）提出，ICT 可以在教育上進行新的教學模式，促使學生用以為未來的生活進行準備，ICT 運用在學校已成為提升學校教學成效及學生學習表現的重要中介工具，特別是 ICT 必須融入各領域教學中。Creighton（2003）建議學校應該發展明確的 ICT 架構，建立有效能的學校 ICT 運用目標，並據以擬訂具體的學校 ICT 運用策略。面對上述資訊科技對學校教育的影響，學校領導者－校長亦無法獨立於此趨勢之外，唯有成功扮演科技領導的角色，完善科技基礎設施，帶動成員善用資訊科技於課程與教學實踐，以及行政作為，方能在這波教育革新中，永續發展。Dianne（2000）指出，日新月異的資訊科技除了被視為增強教與學的有效工具外，也能夠強化校長領導效能，透過成功的科技領導，可以促進學校更能在公平、學習、權利分享與品質提升等方面持續成長，是學校效能促進的有效助力。Brown、Jacobsen（2016）指出，科技領導是學習理論、領導與教學法的樞紐，可促進專業學習，帶動教學領導，並引領學校改變。藉由科技領導的展現，校長可善用資訊科技的優勢，讓學校轉變為學習型組織（Altinay et. al., 2016）。

　　由上可知，資訊科技雖已深入教學場域，但在行政管理、資訊科技的運用仍有所不足，科技領導必須藉由系統化的方法進行革新，達成不同層次的領導效果（Medcof, 2017）。學校領導者是科技統整產出的關鍵人物，

若是校長們缺乏科技能力,很難要求同仁有效地運用與支持科技(Dawson & Rakes, 2003),校長科技能力更需與時俱進,方能扮演好科技領導者的角色(Webster, 2017)。

延續上述科技領導的議題,國內外有著不同的詮釋,張奕華(2010)認為,隨著時代的變遷與資訊科技的日新月異,學校領導者的角色已從傳統的學校管理者、資源提供者,進一步發展到教學與課程領導者、科技領導者等多元的角色。張奕華、吳怡佳(2011)提出,校長融合新興科技與領導技巧,使其應用在學校課程教學上,塑造師生共享與支持的教學環境,激發學校成員精進學習並善用資訊科技提昇素養,以增進教學與行政效能。謝傳崇、蕭文智(2016)將校長科技領導定義為:校長應具備資訊科技素養,運用資源和領導策略達成組織願景,並適切統整資源催化學校成員應用科技於教學創新和行政事務上,構建資源共享數位學習平臺,以促使學校行政與教師教學效能提升,營造具挑戰性和趣味性,廣被學生認同、樂於學習之教學環境。Yorulmaz、Can(2016)指出,科技領導係指領導者引領學校成員學習科技、整合科技、運用科技於學校環境中的歷程。

在科技領導策略上,施喻琁、施又瑀(2020)提出,科技領導的策略應包括:

(一)形塑學校科技願景,擘劃全面性的變革計劃

資訊科技領導的良窳,攸關學校經營的優劣,校長應正視科技領導的重要,端正理念並善用科技領導之技巧,才能利用資訊科技之優勢提升辦學成效。而首要之務,在於凝聚團隊共識形塑學校的科技願景,並評估整合校內外各項資源,邀請校內外專家、教師及家長擘劃全面性的變革計劃,規劃建構科技領導具體方案策略,以確保資訊科技的有效運用,提升行政運作的管理與執行力,提高教與學優質效能,完成系統性、全面性的變革。

(二)建構優質資訊科技環境,裨益科技領導推展

科技的發展一日千里,而且種類繁多,學校不須跟隨流行趨勢添購,

應強化資訊科技目標與圖像，妥善規劃各項資訊科技設施，並基於現況與需求加以修正，藉以形塑應用科技的有利環境和文化，催化校長、教師和行政人員能夠善用科技，增進教學和行政的成效，俾利科技領導推展，確保相關計劃的落實。爰此，學校應充實基礎電腦設備、建構教育雲端資料庫、建立良好的網路環境，並能經由網際網路進行班際、教師同仁、學生同儕、師生與家長，以及社區與校際間的連結，藉以提升學校之行政效能、教學成效與學生學習表現。

（三）建置行政與教學資源庫，擴大科技領導加乘效應

行政是教學的後勤支援，優質的行政管理能有效提升課程與教學的成效。因此，學校應適切整合校內與校外之相關網站資源，構建行政資源庫，俾利提供科技領導使用。其次，強化課程教材與教學模式之規劃、製作與成效，建置各學習領域資源網站，活絡課程發展、教學活動與學習資源的交流與分享機制。再者，學校應善用電腦與網路的特性，適切的實施資訊科技融入教學，有效的結合各學習領域課程，鮮活教學激發學習興趣，以提升學習成效，擴大加乘效應。

（四）強化專業增能培力，精進教師資訊科技素養

學校教師資訊科技與數位教學及教材設計的增能，是科技領導能否落實的關鍵因素。因此，學校應舉辦專業發展講座，引進學界與業界人員探討理論課程與實務課程的運用，增進教職員有效運用科技於行政與教學的能力；也可以藉由標竿學習持續改善來提升組織的競爭力，或透過教師專業學習社群的規劃，經由參與、合作、平等對話與分享關懷，進行知識的實踐、創新與擴散，提升成員運用數位科技的能力，引領師生進入數位生活。

（五）運用科技促進行政革新與教學創新，彰顯學校效能

學校應籌組多元化的資訊科技團隊，結合擁有科技專長和熱忱的教師規劃完整而適切的科技計畫，取得教職員生的認同與信任。校長在力行科

技領導時，應強化支持性的行政團隊，建立數位化管理模式，提升行政效率，提供整全性的技術支援，與公平的分配科技資源，引進專家學者、輔導團隊帶領教師協同合作，催化教師翻轉課堂、翻轉教學，戮力於教學設計、教學方法的創新活化，並藉由觀課、備課與議課，以及行動研究等，提昇教師教學品質，進而促發整體學生樂學態度。

（六）落實評鑑與研究，彰顯校長科技領導效能

評鑑與研究旨在改進學校教育，提升教育績效，促進學校發展，使之邁向精緻與卓越。為落實學校成員善用資訊科技，以增進教學和行政效能，需發展出一套客觀評鑑系統，裨益學校成員有所依循與執行推廣；此外，也應推動行動研究，實際檢視教學與行政執行的實務問題，如此，藉由評鑑與研究機制，可以確切瞭解學校同僚的教學與行政績效，並據以輔導其有計畫、有效率的持續精進成長，形塑學校成為科技的學習型組織。再者，教育行政機關也應訂定校長科技領導評鑑指標，引領校長有計畫、有系統、有效能的推動。

（七）真誠溝通建立圓融的人際關係，裨益科技領導

良好的溝通技巧，不僅讓人愉悅接納，更能為自己建立良好的人際關係。溝通技巧是高情緒智商的體現，真誠的傾聽與回應、恰到好處的讚美，都是有利於溝通的。校長在推動資訊科技變革前，要妥善地與家長、教職員工和學生溝通科技的相關議題，仔細聆聽團隊成員關切的內容與實際的需求，創造有利於資訊科技融入教育的環境與條件，公平的提供所有教職員工有關科技的取得與訓練，耐心解決落後教師的問題，並適時的給予支持與協助，都有助於建立圓融的人際關係，裨益科技領導的效能。

由上可知，領導者的科技認知與技術，與學校教育發展將產生密切的關聯，未來的學校領導者面對學校以及所處社會與經濟環境的改變，應善用資訊科技的影響，重視組織內外環境的變遷，建構家長與社區的投入以及夥伴關係的連結，以促進學校的改革與提昇學生的學習；而在組織與管

理上將推翻科層組織控制、指揮、監督等教條，採取合作、授權、參與、分享等原則；在教學與學習上，領導者必須去建構校園學習社群，支持教師的專業發展與教學自主，對於不同的學生問題能提供更多的解答，並且將孩子教育服務型式傳遞給不同的團體，以提升整體教學效能。再者，處於新世紀的學校領導者如何去清晰的意識到自己的價值與使命、不斷地追求自己的人生理想與辦學理念、具備「與時俱進」革新與創新的理念、能夠創造教師與學生輝煌的舞台、能凝聚人力與物力資源以促進學校發展，進而提升學習者、學校及國家教育競爭力，將是今日學校領導者責無旁貸的使命。

三、教師角色的轉型

　　未來受過去的影響有多大？過往，教學和師資養成往往受到既有政策與環境壓力的約束，教師專業發展相對缺少了創新、變革與品質實踐的精神。未來教師的專業，將是教師角色、專業價值觀、專業的開創性與專業實踐的變革。教師專業化隨著世代的不同在某種程度上會產生專業認知的落差，在面對未來教師專業的界定，重新定義教師專業精神的核心知識與能力，以因應學習科學的發展、教學創新和學校的挑戰有其必要性。

　　教師教學與學生組成有著密不可分的關係，師生關係、班級經營等都是影響教學效能的重要因素。Roth（2016）在當今全球化的世界中，課堂上經常出現多元文化現象，因此所謂的同化、多元文化主義或跨文化主義便成為教育領域耳熟能詳的用語，其中，跨文化主義是最具包容性和最理想的方法，因為它考慮了課堂中所有形式的多樣性，包括性別、宗教、殘疾、性取向、社會經濟地位、國籍、父母的支持、地位、動機、社交技能等，因此，教師處於多元文化的教室情境，應具備跨文化主義的相關能力，

如溝通技巧、協作技巧、靈活性和適應性、主動性和創業精神、批判性思維和創造力，在跨文化教育中，與學生建構良好的互動學習，學習知識、技能和能力（其是生活能力），以因應多元化的社會應具備的元素。

天下雜誌（2015c）回顧芬蘭教授雷夫拉（Dr. Revola）提出的「未來老師的 13 個角色」，雖然當時所指的未來，已經成為現在，但仍存有所謂未來教師的思考空間，該文提到「未來教師的 13 個角色」，如下：

（一）學習技巧和學習障礙的診斷者

老師必須清楚知道，學生從教學中學到什麼。有些學生總是有學習障礙，老師需要常去觀察孩子在學習當中的困難是什麼。

（二）心理問題的診斷者

在工業發達國家，有許多離婚和單親家庭產生，或是家長失業等現象。當孩子來到學校以後，心裡有很多障礙。老師需要觀察或了解孩子懶惰背後的原因，想辦法找出協助孩子的方法。

（三）課程設計專家

老師擁有愈來愈多課程設計權和自主權，已成趨勢。老師的自由已經大到可以自己決定教學需要哪種課本和哪些教學資源，學校給老師的只是教學和教育目標。

（四）媒體資源的諮詢顧問

愈來愈多新資訊媒體被應用到教室裡。老師得學著去應用這些多媒體的教學資源。甚至有時也要幫助不會使用這些媒體的家長，學會使用。

（五）資訊、學習資源的提供者

老師可以是一位協助者，協助孩子找尋新的資訊及學習資源。不管是電視或電腦，所提供的只是資訊，唯有經過學生自我建構，才能轉化為知識。

（六）團隊合作的專家

成人世界常有團隊工作，這是為什麼孩子要在學校中學習用團隊的方

式來合作。因此，老師必須是一位團隊合作的專家。

（七）團體溝通專家

不管小學或幼稚園，老師常常會有面臨大團體的狀況。這種大團體的活動指導，可以節省一些個別指導的教學時間。老師必須要有處理這種大團體的能力和方法。

（八）獨立研究、獨立學習的指導者

學習必須由自己發展出來，所以即使到學校上學，也必須學會如何自己獨立學習。但在獨立學習時，老師亦需在旁適時協助。

（九）學生未來社會技巧發展的輔導者

學生將來會成為民主社會中的一員，他們需要學習如何發展自己的社會義務，以及如何容忍別人的態度和行為。

（十）客觀公正的評價者

老師必須了解和評估學生到底學到什麼。打成績時，盡可能客觀公平，同時需要用多樣的評估技巧來評價學生。

（十一）公共關係專家

隨著時間的改變，學校的改變也很大。老師有責任告訴社會大眾，現在學校已有很大的改變，老師要為學校做一些聲明和解釋。

（十二）社會工作者

學生有時會發生爭執，會出現攻擊性和粗暴的行為。實際上，有許多學生中途輟學，老師要解決這些問題，有時甚至必須和警察合作。

（十三）未來學專家

當一名老師開始教書時，可能是 20 幾歲，他可能會在教學現場再待 4、50 年。而他退休前所教的最後一個學生，卻可能必須面對一百年後的生活。因此，老師必須是位未來學專家，能看到前瞻性的未來。

未來教師將不只是學生知識的傳授者、行為的輔導者、課堂問題的解決者，他們將扮演更多元的角色，是課程教學專家以及學習的診斷與促進

者；是團隊中的成員，扮演合作與溝通的角色；是教育與社會關係的連結者，解決因教學工作引起的校內外問題；是多元文化認同與跨文化主義者，能兼顧不同文化背景學生需求，並予以適當協助；是數位時代的終身學習者，不斷精進、分享與創新專業能力，成為數位時代的優質教師。

四、教與學的再概念化

提供適當學習策略的組合（正規與非正規學習），有助於學生進行多樣化的學習，滿足不同學生的能力與需求，有效獲得認知、技能與情意的能力，確保學生能精熟各項基礎的能力，確保全人的發展（蔡金田，2018）。教師在啟發學生學習過程中，應由教師主導、學習被動的教學法，轉化為以學生為中心，主動學習的教學設計，引導學生進行高層次知識的學習，並能將學習所得之能應用在不同情境 Tagg（2003）。

談及未來學校，Toffler（1970）對「未來學校」提出以下看法：（一）24 小時的學校教育、（二）客製化的經驗、（三）不同的學習時間、（四）受正式的教育年紀不一、（五）跨領域統整學習、（六）非教師同儕一起工作、（七）教師流動於學校和業界、（八）業界與學校場域的結合、（九）委辦學校數量增加。另外，微軟「全球夥伴學習計畫」（Partners in Learning, PIL）的規劃亦是重要的推手，該計畫希望減少不同地區與國度間的數位落差，希冀透過未來學校的計畫對教育有著全新的產出。微軟與教育界的合作已經多年，他們了解隨著時代快速的發展，對於資訊傳播科技（Information Communication Technology, ICT）的需求會不斷增加，因此，希望藉由微軟本身的願景，協助教育產生改革與變化，以學生為學習的核心，培養下一代擁有生存於未來世界的能力（湯志民，2008）。

中國教育信息化在線（2016）提到，未來的學校是「一個有社會交互

的學習環境」，單一演講者主導的教室將變為研討室，學生可以在一名經驗豐富的教師指導下聚在一起交換想法和觀點。鄭英耀（2008）對未來學校的實施願景有學生快樂學習、教師創意教學、創新學習環境、拓展本土文化、結合社區生活、培養學生鄉土意識、人文關懷素養、善用資訊科技工具、與國際接軌、提升臺灣國際知名度。OECD（2007）於 90 年代即展開規劃「明日的學校」（Schooling for Tomorrow, SFT）專案，希望能開發出適用於世界各國的未來教育架構、工具與策略。蔡金田（2018）認為，學校教育在未來教育的革新發展中將產生根本性的變革，而智慧學校理念的實踐將在這波變革中扮演重要的推手，數位課程與教學的模式將成為新一波教學的革新，其接踵而來的，將是逐步孕育智慧教師與智慧教室的形成。

　　Sanborn 等人（2005）提出，新的科技、人民的移動、學校選擇及開放教育等因素影響整體教育的發展趨勢，並產生四個可能的教育圖像，其中最後一個圖像即是 2025 年，藉由非傳統與科技的結合，產生新型態的、專業的互動教室。湯志民（2008）在「想像中的未來學校」提到，學校會持續存在，形式趨向多樣化、無圍牆社區學校會愈來愈多、教學課程研究會與企業有更多緊密結合、橫向策略聯盟的合作關係、創新經營與追求優質化、機器人加入行政及教學的服務、全面以科技來輔助教學、課程教材的議題與環境資源的開發運用等。湯志民接續認為，「想像中的未來學校」應包含幾項特徵：（一）學校會持續存在，形式趨向多樣化：學校的型態與模式會更為多樣化，超過目前現有的形式。（二）無圍牆社區學校會愈來愈多：「無圍牆」的概念並不完全等於未來學校的概念，其真正的概念是學校與社區融合為一體。（三）教學課程研究會與企業有更多緊密的結合：課程的發展與人才的培養須投入大量的資源與財源，企業則扮演著關鍵的角色以協助學校的發展，幫助人才的訓練。（四）橫向策略聯盟的合作關係：校際之間的合作關係除了同等級學校的結合，也有不同等級的學校結盟。（五）創新經營與追求優質化：未來學校經營將會更趨複雜化，學校的創新經營

與追求優質化的腳步也將持續向前不停歇。(六)機器人加入行政及教學的服務：隨著科技的進步，機器人投入未來社會的運作是可以預期的畫面。(七)全面以科技來輔助教學：利用科技的輔助可以使教學出現許多意想不到的畫面，也可以克服現有傳統教學模式的諸多限制。(八)課程教材的議題與環境資源的開發運用：學習的議題都與自身生活息息相關，將生活上的問題融入課程教材當中，使所學能與學生緊密結合。(九)終身學習成為未來教育主軸：人人必須接受教育，只是受教育的方式不同，學校存在的形式也不同，如虛擬學校、網路認證或是在家修課，因此，未來學校將持續扮演著終身學習的單位。

Robinson（2019）認為，與舊時代相比，21 世紀的教育需要擁有更高層次的思維，我們需要不同的課程－頭腦、心臟和手部並用的教育。首先是一種學術教育（頭部），讓人們深入了解科學、數學和設計以及歷史和文化的關鍵概念和思維方式。這種知識被賦予評鑑過去「已經想到和說過的最好的事物」，以及塑造並應用於現在和未來的需求；其次，提供經驗和情況的品格教育（心臟），年輕人可以從中發展出一套道德基礎，磨練堅韌、善良和寬容的性格特徵，以及微妙、開放的思想；最後是培養創造力和解決問題的能力的教育(手)，讓年輕人有機會回應顧客需求，理解設計思維，將知識和概念理解應用於新情況，能夠通過在課堂之外具有真正價值的技術來進行製作與生產。要實現此種多元教育，就需要從根本上改變學校的經營模式，如課程規劃、時間表、教師的角色等，而我們對學習者態度的轉換或許是最重要的關鍵。

當我們思考最好的教育如何改變以創造正義、公平、可持續和理想的未來時，我們應嘗試著建構一套學校實踐的可行的方案。Mazurkiewicz（2016）認為，要改變當前環境建構一所新的學校，應以優質學習為目標，營造個人和組織學習的氛圍，使用適當的方法並支持學習和個人取向；應以正義、公平和團結為目標，幫助每一個學生克服自然障礙；應該促進民

主和公民的對話，創造一種促進世界開放與積極態度的對話文化，同時發展合作技能。變化必須來自系統內部，我們需要批判性知識分子，他們了解世界的複雜性與運作方式、人們的想法以及在教育領域產生的後果；需要能夠行動和實施社會變革的教育家，這應該是教育的主要目標；需要合作的專業人士，他們在教學與學習過程中運用探究法來不斷修改所擁有的知識，以及透過研究、反思來積極構建自己的技能和進行與他人的對話和合作。

「未來學校」將有意義的延伸傳統的學習方式，改變「教」與「學」的定義。「未來學校」是一個嶄新的觀念，雖然是源於知識經濟下的產物，但卻科技並非是未來學校的唯一元素，未來學校散發出的是一個全新的教育視野，它涵蓋了主體、科技、學習與教學的創新組合，它是人、事、時、地、物的交互運作所產生的學習成效。

未來的學校是一所認真負責為學生做好未來準備的學校，它應深切認知，衡量未來成功的標準不再僅是證書的積累、考試、排行榜上的排名；不再僅是推動學校為學生和社區的未來福祉做出貢獻。相對的，它承擔了更令人興奮但更具挑戰性的任務，亦即與學生和社區進行有意義的互動與學習，將自己定位為學生和社區的合作夥伴，以產生可行的未來願景，並作為開發和建設這些願景的資源。未來學校是一個大的場域，是個人集體智慧的地方，這個地方有不同年齡層的個體，有不同功能的企業、政治、文化、社會機構、工作室，以及因應不同機構所需的各類智慧型設備，在這裡學生、學校、社區、文化與社會機構等，都是學習的夥伴架構，共同尋求知識、見解和建議。

未來的學校將打破現有的組織形態，學制更加彈性、組織架構呈現扁平化。處於大數據時代應尋求數據的建立、取得與運用，從確定入學率到識字率、出席率到學習成效、輔導資料到高風險控管等，應逐步強化教育數據的數量、規模與潛在的連貫性，經由學生表現的真實數據，評估一個

團隊、課程領域或地理區域的表現,藉由大數據與課程教學與評量先連結,驅動教育的翻轉與革新;在學習的規劃將根據學生的能力而非年齡來進行組織學習;根據學生的個體需求提供適切的教學安排;打破現有的學制,加強不同年段與教育階段之間的銜接,在未來學習更能滿足學生自主發展需求,為學生提供豐富的選擇、個性化以及更加精準的教育。

第五章　教師教學

　　專業的教師在日常教學生活中堅持教育的傳統與未來（周玉秀、尤筱瑄，2018）。教學趨勢的演進，是一不可逆的現象，而實際執行教學的包括現職教師以及師資養成的未來教師，在現職教師部分，終身學習是不二法門，了解教學趨勢的發展，有計畫地進行專業成長，成為一位面對變革能持續因應成長的永續教師；在師資養成部分，政府師資教育政策往往無法兼具未來的不可預測性以及影響，因此必須以富有遠見的方式制定師資教育的政策規劃，例如 Obama's 提出「我們的未來，我們的教師（Our future, our teachers）」（U.S. Department of Education, 2011）、2020 教師行動計劃（Ministerie van OCW, 2011）、Scotland 的未來教學（Donaldson, 2010）等，各國政府藉由這些政策計劃，希望為國內的教育塑造新的未來，此類政策計劃明示，要創造這樣的未來，就必須發展和改善師資教育。如果我們想知道未來教師將扮演什麼樣的角色？便可採取有效的政策計劃，結合政府或利益關係人（師資養成教育機構、教師教育工作者、教師工會等）一起投入未來師資專業成長與養成教育。

一、教師是教學者與學習者

　　雖然世界各國對於「教師」的概念尚無一致、普遍的定義與特徵，但似乎確實有一個共同的認知－「專業」，並且認為專業並不是一個靜態的、

永久不變的概念，而是一個持續的、動態的過程，從職前養成到專業認可，經過不斷演訓與實踐經驗演變而來（Beijaard et. al., 2004）；教師在其職業生涯中發展出一種「詮釋性的框架（interpretative framework）」，該框架通過與社會、文化、結構和政治條件的互動而被塑造和重塑，影響他們的工作（Kelchtermans, 2009）。面對上述教師專業以及對於教師角色的詮釋框架，教師的班級管理、個人特質、教學方法和策略以及學校機構等，都必須因應需要規畫專業的學習發展與調整，以符合時代需求的專業教師與教學。Schleicher（2011）提出，教師獲得高度認同的六項策略依序為：（一）個人和合作研究；（二）專案計劃；（三）閱讀專業文獻；（四）課程和研討會；（五）專業發展網絡；（六）指導和同儕觀察。

教師是專業的角色、教學即是一種專業的體現，是兒童、青少年、社會、文化和經濟發展學習的核心，對於傳播和置入社會價值觀（例如民主平等、寬容與文化理解、尊重每個人的基本自由）至關重要。教學是一種職業，面對全球化與資訊科技時代，對教師的專業而言，是一種增強？還是削弱？當前學校仍是兒童最佳的學習場所，但隨著對教師的高期望所帶來的壓力，教師如何抱持彈性和樂觀，理解教育趨勢和保持教學平衡，對教師而言更顯得重要。而教師教學行為已經從過去專制與懲罰學生的關係走向獎勵和鼓勵的更積極的行為方向改變，開始表現出對學生的欣賞、表揚和自主。因此，為因應這種教師專業角色與教學的變化，持續學習與終身學習將是教師能深刻體會社會環境的變遷與教育趨勢的發展，了解此種「力場」的變化，有效運用變革的槓桿，方能確保教學品質與工作的永續經營與發展，正如 Koffeman、Snoek（2018）指出，教師在工作五年左右，由於對於這個職業更加熟練和有效，便容易失去「學習的緊迫性」，如果沒有新挑戰、新視野的刺激使其重新獲取新知識，教師很容易在外來壓力下聽天由命；Roth（2016）亦提及，教師的角色正在（或）應該從事實、數據、理論和信息資訊的提供者，轉變為教學生處理信息、檢查信息、鞏固

信息、與數據合作、用數據解決問題和使用跨文化能力來指導學生進行學習的教師角色。雖然網際網路帶來移動式學習，學生在任何時間任何地點都可以獲得需要的信息，但仍然必須為學生提供指導，以便為學習提供最佳環境。由上可知，在未來教學工作上，教師教學效能取決於教師角色與教師專業的表現，此種教師角色由知識傳授到引導學習；具備各種教育發展趨勢發展的認知，以及因應社會環境變化各種知識與技能等專業能力取得，對未來教師而言更顯重要。

　　教育人員的專業養成與訓練在將數位科技融入學校生活方面，發揮著至關重要的作用，他們被視為課堂數位化教學轉型成功的核心驅動力，擔任此一角色需要強大的數位科技能力（Pastor & Quirós, 2015）。正如 OECD（2015）所指出的，僅憑設備、服務和網絡的可取得性，無法使教育滿足數位時代的需求。教師需要培訓，使他們能夠從廣泛的教學和學習選項中識別和選擇最合適的應用程序，並將它們應用到課堂上有意義的教學環境中。

　　Mazurkiewicz（2016）認為，教師要改變未來學校所需的環境系統，應從對現有理論模型的解構著手，新概念可能因與現有運作的模型相矛盾，在執行過程中遭遇失敗，意即我們必須意識到現實社會的性質，是通過人類的互動、交流和合作構建而成的，只要人們不同意它存在，現實就不存在。因此，有必要從教育形象產生的過程中重構教育的隱喻，讓學校成為負責任的民主實踐場所。所以，教師不僅僅要理解知識、解構模式，同時要認知真實世界的存在特質，擅長環境與媒體技術的設計與運用，懂得技術，亦即教師要提升自我的教學藝術，方能更適應社會環境的變化與學生的需求。所以，教師和學生將會是一起學習的夥伴，師生共同成長的夥伴，是教學者也是學習者。

　　知識的渠道越來越多元將是無可避免的趨勢。過往教師是知識最重要的來源者，教師即是知識的代表。但面對資訊科技的日益發展，知識和信

息的取得更加便利與簡潔,老師的知識將遭到網路資源的挑戰,知識渠道不再是教師的獨享者,學習者透過網路所取得的知識與信息,將為師生的教與學的角色產生改變,亦即教師的角色與功能將有根本性的改變,教師的專業認知與專業成長顯得更顯得重要。

教師是教學者,也是學習者。如果我們要確保高質量的教育,首先須要確保教師團隊得到重視、支持和授權。做為一名數十年前合格的教師,如果專業知識和技能無法大幅提升,將難以適應現代與未來的教學工作。面對未來教學,除課堂教學應與更廣闊的學習世界相連結;在專業上,學科知識的更新、教學本質、教學和學習科技、教師的新專業職責、同儕團隊合作、參與學校聯盟、教師網絡、專業協會和一系列學校的持續專業發展和校外情境的學習等,甚至於關注於兒童的健康和福利、兒童的社會世界、職業和經濟結構以及未來職場等,都是必須積極面對的課題。

二、教師是促進者與引導者

2015 年世界教育創新峰會,在「2030 年的學校」調查中,匯集了全球645 位專家的觀點,其中對於教師的觀點引起熱烈的討論,他們認為傳統教師角色將逐漸瓦解。未來教育將變得更具個人化,教師作為權威專家、知識來源這樣的傳統角色將產生改變,其中 73%的專家更提出,教師角色將向指導學生自主學習方向轉型,教師將成為「學習的促進者」。這也體現了師生關係的一種根本性轉變,教師完全主導的角色正在導向師生共同引導課堂的方向發展(中國教育信息化在線,2016)。沈祖芸、張懷浩(2016)提出,引發全球關注的教育問題包括:(一)起跑線危機:幼兒園是否成了新一年級;(二)課堂關係構建:注重社交和情感技能培養能助力學業進步;(三)教師教育:決勝未來的核心競爭力等,其中,課堂關係的建構與教

師教育，在未來將產生時代的轉變。

　　互聯網教育中心（2017）在人工智慧時代：教育的「變與不變」一文中提到，教師如何才能擁有獨特的、不可替代的價值和作用？首先需要洞悉人工智慧將為「學校」、「學生的學習」、「課程與教學」等帶來了什麼變化，並以這些變化為前提和依據，聚焦教師是否能夠在這些變化面前有所作為，以及如何作為。對於「學校」而言，人工智慧時代的學校會在信息技術帶來的開放中，與外界的聯繫愈加緊密。學校空間的利用率、學校時間的彈性化會大幅度提升，學校的功能和作用將發生重大變化，越來越走向「精準教育」，通過「精準定位」為學生的成長提供「精準服務」。

　　中小學信息技術教育（2018）談到，變革中教師角色的轉變包括：（一）融入創客（maker）時代，強化人工智慧：創客教育主要是從學習者個體能力的發展，注重培養學生的人際溝通能力、團隊協作能力、創新問題解決能力、批判性思維能力和專業技能能力。創客教育推動教師角色的重構、教學內容與方法的變化。（二）創新教育理念，提高創新能力：在人工智慧時代的課堂教學創新環境下的教育理念創新，主要體現在創客教育。教育理念應重視學生創造力的培養，如 STEAM 教育、創客教育、智慧教育等，培養學生創新能力、知識創造能力。未來的教師所承載的任務與角色將跳脫目前的框架，現今傳道、授業、解惑的教師角色將逐步調整，未來教師最大的任務將是引導學生自主學習，由知識的傳遞者，逐步走向學生知識探索與發展的引導者。在今日人工智慧時代，教師不僅僅是向學生提出一系列的問題，讓學生解決問題，更重要的是教師如何引導學生去提出問題，因為提出問題比解決問題更重要，學生若能從不同途徑獲取知識提出問題，將是師生共同成長與學習的開始，也是師生關係轉變的起始點。

　　陳東園（2016）從媒體應用的發展角度，提出教育 4.0 發展的背景形式：（一）Tteaching 1.0：教育媒體資訊傳輸的型態，是一種由老師對學生單向指導的行為結構，教學活動是所謂的 3R 結構模式，即 Receive：接收

老師所傳授課程教材；Read：學習者抄寫筆記閱讀書面教材資料；Response；考試評量和資格檢定。Tteaching 1.0 的教學環境中，是在統一制度下運作的形式。（二）Tteaching 2.0：教育媒體資訊傳輸的型態，在電腦多媒體介面的支援下，已由傳統單向傳授的型態，擴展為老師、學生以及同儕間互動行為的結構，教學活動是所謂的 3C 結構模式，即 Communicate：互動交流溝通；Contribute 教學參與者間建立有效分享的關係；Collaborate：合作學習的型態，電腦輔助教學、資料庫等，成為老師和學生學習上的媒介輔助工具。（三）Tteaching 3.0：由於電腦網路介面成熟普及化的發展，無論是教育制度或是教學型態，都朝向契合學習者多元、自主、多功型態的發展，其中教學法與教學資源的開發應用，也都在電腦多媒體介面的支援下，高度的邁入提供個性化學習需求目標的導向。（四）Tteaching 4.0：教育的型態已完全解放了傳統校園教室時空結構的侷限，讓教學在一個由數位平臺所建構虛擬實境的情境環境中，以 Connect、Create、Construct 課程的主軸，藉由一項多媒體隨選視訊（MOD）結合擬真互動的方式，教授培養新知識能力，創新力、實踐力、思辯力等的目標。因此，Tteaching 4.0 是在數位匯流服務 （digital convergence services）基礎上，所發展出一項以數位內容品質（digital content quality）、數位服務便捷性（digital service convenience ）開放環境課程匯流整合學習的全新開放教育（ Open Educational） 制度。

潘正安（2008）提到對未來學校的期許包括：教師角色的不可取代性、同儕情誼及人際互動不可或缺、藉由策略聯盟持續推動、及檢視過去放眼未來等。美國教育研究協會（American Educational Research Association, AERA）在 2016 年年會活動中，提出教師與教師教育的研究呈現以下特徵：（一）緊緊圍繞學生的學：AERA 中提到的教師專業發展離不開教學。教師的專業發展自然緊緊圍繞教師如何「教好」學生。這使得大多數學者在 AERA 上提到的教師專業發展都是聚焦在學生學習上，或者附屬於某個促

進學生學習的項目之下。（二）悄然興起的教研文化：研究由注重理論研究到聚焦於教師的教學實踐。研究者們進入到學校內開展紮根研究，夥同教師一同開展行動研究和設計研究。（三）過程性診斷與干預：在教師共同促進學生學習的同時，充分依靠專業能力為教師的成長提供管道，在日常教學或項目中，對教學過程進行診斷。（四）協作與社會網絡：建構主義、協作、合作等是當前學術氛圍的重點。（五）技術導向的教與學；由「技術本位」（technology-based）走向技術推手（technology-enabled），比如 WISE、Save Science 等所提供的技術解決方案，改變了科學課程的教學，以及學生探索科學世界的方式（沈祖芸、張懷浩，2016）。

隨著數位科技的蓬勃發展，學習者已經由過去的接受知識的學習角色逐步走向符應個性化的自主學習；學習者知識來源也從傳統課堂教學轉向數位學習。因此，教師已然跳脫傳統專家權威與知識來源單一管道的框架，了解教學演化過程，將資訊科技融入課程教學；具備創新教育理念與模式；做好學習診斷與適時介入，有效引導學生進行學習問題的解決，引導學生運用多元有效的學習管道，促進並提升進行有效學習。

三、翻轉教學模式

從上述教育 1.0 到教育 4.0 的教學演變可知，教學方法是隨著社會發展的動態歷程，教師要進行有效教學，必須擁有當代社會必須具備知識的認知與技術，並妥適運用於課程教學中。Schleicher（2011）將傳統的學校教育模式與最有效的系統進行比較，發現了一些根本性的變革，這些變革必然會對世界不同地區教師的職業生活、學習和職業結構產生不同的影響，在實踐中的影響將取決於教師面對變革的主導地位，如表 3。

表 3 傳統教育模式與最有效系統比較

過去	主題	最有效系統
部分學生進行高層次學習	學生融入	所有學生進行高層次學習
為終身工作的認知技術	課程結構與評量	學習如何學習、多元思考與工作模式
完成既定教學目標	教師品質	高層次教師專業知識共作者
泰勒科層體制	工作組織	扁平化、學院化、差異化和多樣化的組織
受制管理當局	教師評鑑與績效	包括同儕與教育利害關係人

　　Darling-Hammond 等人（2017）認為，有效教師專業發展必須考慮幾個特徵：聚焦於學習內容、主動學習、支持協作、使用有效實踐模組、提供指導和專家支持，提供反饋和反思，並持續進行。

State of Israel Ministry of Education R&D, Initiatives and Experiments
Division（2016）提出，面向未來的教學法：趨勢、挑戰、原則和建議等做
了有系統的論述，如圖 3。

圖 3 未來教學法

茲將圖 3 說明如下：

一、發展趨勢

　　未來思維包括三個階段：識別潛在的未來場景，定義最適合組織的未
來，以及在當前執行行動以塑造並實現預定的理想未來。確定未來情景需
要了解未來趨勢，這些趨勢將陸續在世界各地創造改變，且仍處於發展和
形成階段。教育受到世界趨勢的影響，然而教育也是對形塑現實做出重大
貢獻的主要參與者。今天的教育使命是讓學生為未知的未來做好準備，因
此需要對極有可能影響教育世界的預期趨勢進行調查，識別教育領域以外
的全球趨勢，如何系統地和全面地塑造和影響教育領域，這些趨勢包括：

　　（一）社會趨勢：教育系統不是在真空中運作，而是在社會人口背景
下存在相互關係，如世代的變遷、現代家庭型態的轉變、移民政策、家長
教育程度、女性進入勞力市場、社會生活型態以及價值觀等。

　　（二）科技趨勢：科技的加速發展為教育領域帶來革命性變革，也創
造了許多機會，並為來自未來趨勢的挑戰提供了有效的解決方案。科技在

教育中的整合是一個複雜而昂貴的過程，也帶來在課堂實施之前必須解決的倫理問題，如資訊科技基礎設施、虛擬行動學習空間、人工智慧、社會媒體科技、3D 掃描與列印等。

（三）經濟趨勢：全球經濟正在從本地資源經濟發展走向全球知識經濟的複雜網絡。知識經濟以智慧資本為基礎，通過對思想和資訊的複雜控制來實現財富和權力，它是全球性的、動態的、面向科技的超級連接，而開放和有利的制度、經濟激勵措施、教育、創新以及資訊和通信技術是引導國家取得經濟成功的因素，如新的經濟大國的興起、經濟和就業的新模式、勞動力的自動化、職業的消失和創造以及人口的多樣性。

（四）環境趨勢：理解環境對人類多樣性的影響，有助於永續政策的規畫與實踐，這些政策將對經濟增長與全球環境的潛在災難性後果之間提供平衡，這些政策必須在各個領域取得成果，尤其是在教育領域，如全球暖化、永續發展、綠能經濟等。

（五）政治趨勢：塑造了權力結構、影響力和心態，並給教育系統帶來了挑戰。全球機構、法律和措施的發展影響著國家的運作方式並創造了全球公民與國家公民，如全球化與全球在地化、預算與權力下放以及私有化、管理機構的透明化、隱私的消失、休閒性毒品合法化等。

（六）教育趨勢：教育受到上述趨勢影響，在不斷變化的現實中激發創造合宜和最新解決方案的教育趨勢，如從學科、領域學習到跨域學習的轉變；科技提供了有效的方法來評估進階的學習和教學實踐；個性化學習的實施，未來教育領域的個別化開始出現，包括個別定制學習功能以適應學習者的喜好；教學實踐被期望能支持高層次的學習實踐；典範的改變、不同行為的採用以及新參與者和教育模式的培訓是學習世界所需調整的一部分；堅定的領導將對教學方法的未來趨勢和挑戰進行有效的連結；與環境的連結，為學生、教師和機構打開另類學習渠道，獲取知識和技能，並實現文化多樣性；完整設備與科技基礎設施。

二、外部挑戰

外部挑戰係指外部環境對教育系統直接提出解決方案的需求，例如來自知識經濟和未來就業市場的要求，如讓學生為知識經濟和未來就業市場做好準備；科技的機會和風險；「全球本地化」現象，反映了全球主義和地方主義之間不斷的衝突和緊張；縮小經濟和社會差距；擴大永續發展的共識與能力。

三、教學挑戰

乃指學習者能夠通過自我實現和自我學習來面對、解決複雜多變的世界，如自我實現以及實現學習者的潛能和抱負；應對複雜、多變、陌生的世界；學習者在不斷變化的世界中的個人意義和認同；廣泛開展教學和科技的創新；評鑑作為支持有意義的學習。

四、組織挑戰

處理教育系統組織的必要變革，以因應未來發展趨勢提供合適的解決方案，例如，保持正規教育系統未來競爭所需的能力，如確定未來趨勢及其對教育的影響；維持正規教育系統與競爭模式的關聯性；面對科技趨勢的教學創新；根據不斷變化的環境，調整學校的宗旨、結構和運作；為不斷變化的環境調整教師的角色、師資養成與專業發展。

State of Israel Ministry of Education R&D, Initiatives and Experiments Division 進一步提出，未來取向的教學模式提供當前學校系統適應不斷變化的未來環境的教學指南，未來取向的教學模式，如圖 4。

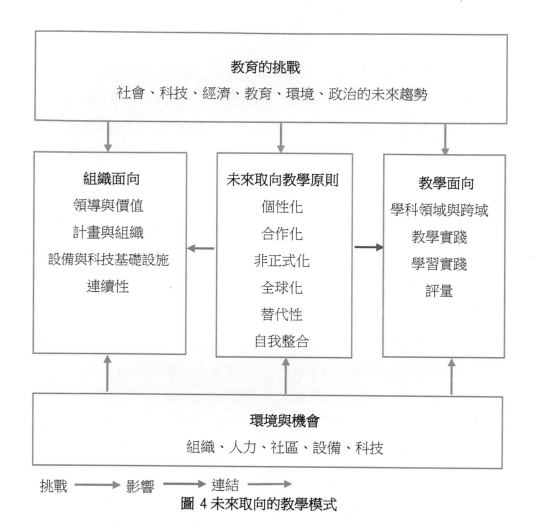

圖 4 未來取向的教學模式

茲將圖 4 未來取向教學模式，說明如下：

一、未來趨勢帶來學校需求的改變：

社會、科技、經濟、教育、環境和政治的在地與全球未來趨勢為學校帶來了新的挑戰和需求。教育系統必須投資於監測、識別和理解這些趨勢，並對由趨勢產生的挑戰和要求做出適當的回應，以便在不斷變化的現實中繼續提供相關的教育，而對於外在變化挑戰的監測必須是一個持續的過程。

二、科技和環境帶來的契機：

新科技與環境的不斷發展為學校創造新的契機，學校必須保持持續的過程來監測和識別新技術和環境，以便創新有效的教育模組與原則。

三、面向未來的基本原則：

該模型的核心包括個性化、合作、非正式、全球性、替代性和整合等六項面向未來的基本原則，學校必須關注這些原則，以對未來趨勢的需求做出適當的回應，並在不斷變化的世界中保持教育的相關性。這六項原則過去曾以不同的形式應用於教育，未來則可以新技術和環境進行創新與革命性的實踐。

四、教學面向：

基本原則的應用決定了教學的內容和課程、技能、學習方法、教學方法和評量的實踐。這些面向也可以通過新技術和環境以新穎和創新的方式加以運用，以提供面對總體發展趨勢的挑戰的解決方案。

五、組織面向：

基本原則的應用決定了支持教學與組織在實踐中的應用方式，例如領導力和價值觀、規劃和組織、連結性、物理和科技基礎設施 由於新科技與環境的存在，這些面向也提供創新的和革命性的應用，以便為來自總體趨勢的挑戰提供解決方案。

Word Economic Forum（2020）認為，教學法是支撐教育系統的教學方法和學習原則的結合，雖然存在許多不同的方法，但經由文獻分析，提出了推動教育系統創新的五種關鍵方法：（一）創造一種快樂體驗的方法，使孩子們能夠通過積極思考和社交互動找到學習的意義，它包括免費遊戲、引導遊戲和遊戲；（二）體驗式：一種統整內容到實體應用程序中的方法，包括專題導向與探究本位的學習；（三）電腦科技：一種支持解決問題的方法，使學生能夠了解並運用電腦科技解決問題；（四）多元文化：注重多樣性以及語言使用與共享，將學習與文化意識聯結的方法。

陳詠璇（2018）指出，遠距教學的推行必須明確定義使用動機、課程

互動階段、知識建構以及多元課程的發展性，完善的教學施行措施，亦可納入遠距教育實踐的相關範疇。Siemens et. al.,（2015）、Bates（2015）、Gallagher、Garrett（2013）等人對線上教學模式提出以下看法：

一、遠距教育（Distance education）：

（一）遠程教育如果得到適當的規劃、設計和適當的技術和教學法的支持，可以與傳統的面對面課堂教學一樣有效。

（二）電子郵件、網絡資源、學習管理系統和在線討論平台的使用是主要的支持技術。

（三）遠程教育與降低教育成本的連結，以及學生保留率和有效學習的提高有關。

（四）學習者需要高程度的數位素養，並且應該具有自我效能和高度的動機以及積極地投入學習活動。

（五）靈活性、個性化、小組學習和互動設計的使用，以及教學法、科技和媒體組合的適當性是設計的關鍵特徵。

（六）科技基礎設施的品質、對學術人員的支持、學術管理的角色、相關各方之間的水平協調以及政府的支持和政策也很重要。

二、線上學習（Online learning）

（一）線上學習是遠距教育的一種形式，以科技為媒介進行學習的過程，教學完全通過互聯網進行，學生和教師不需要在同一時間和地點即可進行。

（二）它不包括更傳統的遠距教育教學方法，例如印刷的函授教育、廣播電視或廣播、傳統形式的視頻會議、錄影帶/DVD 和獨立的教育軟件程序。

（三）促進線上學習的最有效前途是具有明確指導方針、期望的結構化討論，具有互動內容和靈活截止日期的精心設計的課程，以及持續的教師參與，包括提供個性化、及時性和形成性的反饋。

此外，線上環境的營造亦相當重要，正如 Sansone、Smith、Thoman 與 MacNamara（2012）認為，創造一個線上學習環境，是線上學習須面臨的挑戰，因為它將影響讓學生可以保持高度持續學習興趣的關鍵。

三、混和學習（Blended/hybrid learning）

（一）線上學習與面對面教學相融合，但沒有改變基本的課堂教學模式，而是用來補充傳統教學。

（二）學習管理系統用於儲存幻燈片或 PDF 等形式的講義，可以提供線上閱讀的鏈接，或者可以建立線上討論論壇。

（三）錄製講座時，學生可以在自己的時間觀看，課堂時間可以用於更多互動課程。 這種模式被稱為「翻轉課堂」（Bates, 2015）。

四、線上合作學習（Online collaborative learning, OCL）：

（一）鼓勵和支持學生共同創造知識：發明、探索創新方法，並尋求解決問題所需的概念性知識，而不是背誦他們認為正確的答案。

（二）教師扮演的關鍵角色不是作為學習者，而是作為連結知識社群與學科知識的紐帶。

（三）學習被定義為概念的革新，是構建知識的關鍵（Bates, 2015）。

五、開放教育資源（OER），包括大規模開放在線課程（MOOCs）

（一）開放教育資源（OER）是可通過互聯網免費獲得教材，教師（或學生）可以免費下載，並在必要時進行改編或修改。

（二）OER 包括完整的課程、課程材料、模塊、教科書、視頻、測試、軟件和任何其他傳播知識的方式。

（三）開放式教育資源提供許多好處，但它們需要精心設計並嵌入豐富的學習環境中才能產生效果。

（四）大規模開放線上課程（MOOCs） 是在 OER 保護傘下開發的一種新的線上學習形式，旨在使用互聯網無限參與和開放學習和教學資源（Bates, 2015）。

（五）MOOCs 實現了真正的國際「教室雲」和跨文化學習。MOOCs 為學生提供了「先試後買」的機會，從同儕那裡獲得反饋，並且可以在他們想要的時間參與。

（六）MOOCs 形成大量信息數據集，可為課程設計和重新設計提供資訊。

（七）MOOCs 不僅僅是講座與視頻。通常是少於 15 分鐘的模組，具有很高的製作價值，中間穿插著學生可以選擇、重複或快速進展的小測驗—這些都根據他們自己的學習風格、需求和背景進行個性化（Gallagher & Garrett, 2013）。

（八）MOOCs 允許大學在全球範圍內推廣其品牌並識別優質學生。

（九）了解學生的動機、後設認知技能、學習策略和態度對於 MOOCs 學習和教學的研究和實踐至關重要。

（十）MOOCs 設計應結合知識構建（尤其是小組活動）、真實學習和個性化學習體驗等因素，而不是知識傳播。

（十一）MOOCs 迎合社會中受過良好教育、年齡較大和就業的群體。

（十二）MOOCs 可能會破壞昂貴的公立高等教育系統。

（十三）MOOCs 與學位相距甚遠，卻是為學位提供學分認可的巨大改變。個人完成 MOOCs 課程的低價認證，似乎是最明智的商業模式。

MOOCs 是當前一些世界領先的大學製作和推出課程，如統計學和機器學習、歷史、政治和許多其他課程吸引來自世界各地學生上網學習，它無疑是教學數據領域的一個重要的新組成部分。然而，儘管出現了 MOOCs 和其他數字資源，但學生通常仍希望課程內容在課堂和演講廳中進行，由導師提供面對面的支持。隨著教育轉移到網上需要是一種文化轉變，學生和導師都願意在虛擬和模擬環境中進行更多的學習，通過支持 MOOCs 和通過電子方式支援導師。

Yelland、Tsembas（2008）提出，為了充分發揮數位科技在教學的潛能，教師應該認真思考一些設計問題，包括：

一、描述課程的目的和目標。

二、詢問課程內容的性質，科技將通過哪些方式增強學生對內容過程的探究和理解。

三、闡明一套關於學習的信念以及認為學生最好的學習方式。

四、概述新科技的使用方式。

五、考慮如何進行學習評量。

Dabbagh（2005）認為促進線上教學環境進行有意義的學習，應包括幾項樣要素：

一、教學模式或結構（例如，開放/靈活學習、分佈式學習、構建知識社群）。

二、教學和學習策略（例如，協作、表達、反思、角色扮演、探索、解決問題）。

三、教學工具或線上學習科技（例如，異步和同步通訊工具、超媒體和多媒體工具、Web 創作工具、課程管理系統。

Kirkwood、Price（2014）認為，科技對學習的影響應更加謹慎，對於科技融入教學實踐是否增強了學生的學習成效應有明確的證據支撐。他們對於教師的設計過程提供以下建議：

一、當科技用於教學和學習時，究竟會提升那些學習成效？

二、如何確定科技用於教學和學習時會增強學習成效？

三、增強學習成效是否與科技的融入有關？還是改善教育活動環境？改進教學實踐？改善（定量和/或定性）學生學習成果？

Education Technology Action Group（2014）認為，線上教學涉及幾種新型教學活動：

一、規劃學生如何在為他們設計的學習空間進行學科與和社交學習；

二、策劃和改編現有的數位教材資源（用於閱讀、聆聽、觀看）；

三、為所有類型的主動學習（用於探究、討論、實踐、協作、生產）選擇線上工具和資源；

四、為所有類型的學習型態，設計和開發獨立的學習活動；

五、開發改進傳統教學方法，迎向個性化和適應性教學；

六、靈活安排混合學習選項；

七、管理線上討論團體的導師角色；

八、使用科技改進、提升品質回饋機制；

九、設計、監控、解釋和使用新的、更複雜的學習分析，讓教師更清楚地了解教學需要改進的地方。

　　學校應進行體驗式、實踐式學習方法協助學生培養他們為工作做好準備所需的技能，例如透過教師引導的互動式學習；以學習者為中心的環境，教師扮演促進者的角色，類似這種教學風格的組合可以吸引學習者進行有效學習。任何新型式學習空間的投資與設計，其驅動因素應該是著眼於改變教學法，例如「翻轉」教室，意味著將學者、資訊科技人員、教學設計者和教育設施人員等結合的一種學習與教學方式。由於空間會影響學習，因此空間需要支持教學法與科技需求，以便教師可以在小組對等學習中為學生提供適時回饋和支持，而教學法、科技和空間的整合重新定義了主動學習，特別關注移動性、靈活性和多設備使用。為教師提供靈活、精心設計的學習環境有助於催化他們的教學發生重大改變。教育因應社會環境不斷發展，學生的學習將不再只限於傳統教育體系，向外部機構尋求學習支持，並幫助他們發展數位時代所需的技能，將逐漸成為一股學習的潮流，這也將對教師/講師的角色和課程設計產生重大影響。OER、MOOCs、開放教科書和其他數位形式的開放教育資源對於幫助擴大學習機會很重要，但從教育觀點切入，多元線上學習的模式都只是教育體制下的補充模式，作為增強學生學習而不是取代既有的公共教育系統，後者仍然是促進學習的

核心基礎、促進教育機會均等的教育系統。

　　綿密的網際網路實現了課程資源共享的目的，即使在偏遠山區、離島的學生也能在網上找到不同學校、不同名師的優質課程，進行線上學習。儘管現在的優質教育資源不夠充足，但卻呈現課程改革的契機。透過線上環境進行教學，教學者需要具備一系列知識和技能，例如使用適當的教學方法來設計、促進和評鑑課程，支持學生的社交和情感健康的能力、技術和技能（Redmond, 2011）。儘管資訊科技帶來教學上的革新，也成為未來教學的重要趨勢，但根據 Scientific American 研究指出，書寫在記憶力、創造力、批判性思維和解決問題能力的養成上較優於電腦打字（May, 2014）。因此，在未來教學上，仍應重視學生基本技術（聽、說、讀、寫）的運用，不可偏廢。

　　教學應關注課堂中的過程，將注意力和精力用於關係、溝通和合作（而不是競爭）。教師的專業發展與合作應得到支持，教師有權做出自己的決定。此外，教師也要為成為教學領導者的角色做好準備，能有系統的關注政治、社會、行政等關係領域。此種教師角色與教學的演變不是一種選擇，而是一種需要－生存的需要，為了對世界理解與共同生活的需要。綜合上述教學演進可知，傳統教學仍會是多元教學的範疇，但拜資訊通訊科技之賜，綿密的網際網路所構成的遠距教育將逐漸成為教學的重心，尤其是在疫情與後疫情時代，遠距教學更是成為教學與學生學習的主軸。然而在遠距教學逐漸學校教育系統之際，如何兼顧遠距教育品質？將於下一章加以介紹。

第六章　遠距教育

　　遠距教學已逐漸成為教學主流，由網路所衍生的教學活動正在世界各地生根發芽，透過網路教學平台進行系統化的規劃設計，便能讓學習環境完整的呈現在網路情境，學習者只要透過瀏覽器和教學 APP 便可打破時間與空間限制，隨時隨地依個人需要進行線上學習，遠距教學平台具有高度彈性，打破時空限制，具有操作簡易，教材內容即時更新等優點。黃孟元、黃嘉勝（1999）將遠距教學在歷史上的演變，整理出以下四個時期：（一）以文字為媒介的函授遠距教學；（二）以聲音為媒介的廣播遠距教學；（三）以視聽科技為媒介的電視遠距教學；（四）以網際網路為媒介的互動式遠距教學。

　　遠距教育擁有許多益處，且不會受到時間及授課地點限制（葉建宏，2019），但遠距教育的實施，與傳統教學一般，仍存在教學品質問題，尤其是對於台灣遠距教育尚未普遍落實於各教育階段而言，對遠距教育品質的要求更是一大挑戰。然而在疫情與後疫情時代的學校教育已清楚可見，遠距教育已是未來教學不可或缺的教學模式，對每個國家不同教育階段的教育正逐漸發酵，影響教師教學與學生學習。

一、遠距教育逐漸普及化

　　遠距教育的成長帶動美國高等教育的虛擬革命。美國高等教育在 1980

年代中期已透過網路從事學術資料的蒐集與分析，並提供學術研究者資料分享；到了 1990 年代，遠距教育在美國高等教育領域快速成長，透過以網路為基礎的課程架構來開設學分或非學分、甚至完整學位的大學課程。根據 Grunwald Associates（2000）調查發現，大部分的美國家長認同他們的孩子透過網路課程來學習；Market Data Retrieval（2000）調查指出，有超過 15%的美國高中提供線上學習課程；另外，International Data Corporation（2002）的一份研究報告書中也指出，在美國二年制及四年制的學院提供遠距教育課程的學校數，已由 1998 年的 62%逐漸成長到 2002 年的 85%，而在學生的入學人數上，也由過去的 50 萬人成長到目前的 200 萬人，且持續在穩定成長中；Schrum、Hong（2002）談及，過去十年網路教育快速成長，尤其在高等教育機構中將更加普遍。因此，遠距教育計畫方案已獲美國高等教育的普遍認同，而其組織類型大致可分為附屬於現存傳統大學、合作型大學或訓練機構，以及完全虛擬大學等類（Kriger, 2001）。在面對當前資訊科技蓬勃發展的時代，以及在新型冠狀病毒（COVID-19）疫情席捲全球各地，所造成從小學到大學各教育階段已經普遍實施遠距教育，它已經不再是某一教育階段的特徵，而是逐步走入普化的教學模式，使用人口與影響正逐漸蔓延到世界各地。

　　另根據 Moore（1989）分析遠距教育相關研究文獻指出，成人學習者透過遠距教育計畫學習與在班級中學習具有同樣的學習成效；Cavanaugh（1999）針對 900 位由幼稚園到高中之學生進行調查研究發現，遠距學習與班級學習在學生學習成就之表現上並無顯著差異；而 Moore、Thompson（1990）從相關研究分析中發現，只要擁有適切的科技傳遞，如教學內容、時間，以及師生回饋等，教學型態本身對學生成就之影響有限。因此，遠距教育有著如同與班級教學般的學習效果，可提供學習者與教學者在傳統教育外另一有效學習與教學的選擇。然而，遠距教育與班級教學之基礎設施不同，如何提供適切的科技傳遞技術，以建構理想遠距教育之模式與架

構，確保遠距教育品質與認可等重要的議題，是遠距教育工作者所需面臨的挑戰。

葉建宏、葉貞妮（2020）指出，目前常見的遠距學習方式分為三種模式，包含（一）同步課程（線上直播）；（二）非同步課程（預錄視頻）；（三）簡報及講義等電子數位化教材，茲說明如下：

（一）同步課程（線上直播）

同步課程是一種線上直播的學習方式，教師與學生須於指定時間同時上線，進行課程活動，此授課方式的師生或同儕互動最為直接，當學生對於學習內容有疑惑時，可以即時的向教師反映並進行討論。但是同步課程的人數上限可能受到系統設置跟網路頻寬所影響。其優點是討論便捷、可以進行多人互動，教師可以立即得到學生反饋，可以掌握學生出席情形等等；缺點是容易出現干擾因素（如忘記關麥克風、電子通訊設備出現雜音等等）、課程時間長容易產生疲乏感等等。

（二）非同步課程（預錄視頻）

非同步課程多採用預錄視頻的學習方式，由授課教師依據各週的課程規劃事先錄製課程，學生僅需按週次來觀看課程視頻，此授課方式的師生或同儕互動效果較不佳，教師也較無法確認，學生是否有認真觀看課程內容，或是學生對於課程有需要再更加細部說明的的地方。張世忠（2003）指出，非同步課程需透過授課教師不斷地發現學生在學習上所遇到的問題，以及克服在教學中面臨到的困難之處，方才能使非同步課程效益最大化。其優點是學習不受時間及地點的限制、可以反覆觀看課程視頻；缺點是課程內容繁重時容易產生認知負荷、無法即時進行討論，也無法確實掌握學生的學習情形。

（三）數位化教材

極少數的遠距課程會不採用同步直播或預錄課程等影音學習方式，選擇提供數位化教材來讓學習者自主學習。王沛清、施信華（2014）指出，

數位化教材具有一次製作多次利用、製作成本低廉等優點。但是此方式的授課通常需要搭配討論平台或社群，讓學生遇到不解的內容時，可以尋求解惑，但也可能導致自主學習意願低落的學生，未確實閱讀教材內容。其優點是學習不受時間及地點的限制。缺點是遇到問題討論不易、缺少師生或同儕互動，也無法確實掌握學生的學習情形。

二、遠距教育者的角色與能力

　　遠距教育工作者在過去數年來隨著相關科技的變革，持續在發展新的技巧，而其扮演的任務也逐漸由過去專注於員工之僱用與訓練課程，逐漸走向由教育機構所開設的終身教育與相關正式教育課程。然而，過去遠距教育的相關文獻甚少聚焦於遠距教育工作者的能力及其應扮演的角色上，諸如遠距教育工作者主要扮演的角色為何？他們需要具備什麼樣的技巧？需要具備什麼重要的能力？如何讓學生有效地進行學習？教學者如何有效地進行教學？這些遠距教育工作者所應具備的角色與能力之探究，對於國內正在起步的遠距教育課程發展為一重要課題。

　　依據 Thach、Murphy（1995）以德懷術對 103 位遠距教育專業人員的能力進行研究發現，在遠距教育中，溝通與科技的技術是相當重要的，其中包含十項重要的能力：

表 4 遠距教育的十項能力

1.人際溝通	2.計畫的技巧
3.合作與團隊工作技巧	4.專業的英文能力
5.寫作技巧	6.組織的技巧
7.回饋的技巧	8.遠距教育領域知識
9.基礎的科技知識	10.入門的科技知識

另外，Dooley、Lindner（2002）以遠距教育的自我評量工具及相關文獻，
對遠距教育人員的基礎能力進行調查與資料蒐集指出，遠距教育人員
的核心能力及行為包括：

（一）成人學習理論：教學哲學、成人學習者特質、學習型態。

（二）科技知識：網路知識、視訊會議的互動技術、電腦軟硬體技術、
溝通與傳播工具。

（三）教學設計：課程計畫與組織、引起注意、教學目標、行動學習策
略、評鑑。

（四）圖表設計：加強視訊或電視教學服務、網頁設計、多媒體。

（五）執行的議題：支持服務、版權及智慧財產權、科技的取得、財政
的考量。

而 Williams（2000）利用德懷術的研究技巧對於在高等教育機構執行
遠距教育的專家所應具備之角色與能力進行研究發現，遠距教育工作者的
一般能力包括：

表 5 遠距教育工作者的一般能力

1.合作／團隊技巧	2.基礎性科技知識	3.人際溝通技巧
4.精通英語的能力	5.遠距學習領域知識	6.書寫的技巧
7.提問的技巧	8.合作發展與學生專注學習的技巧	9.成人學習理論
10.支持性服務知識	11.回饋技巧	12.組織技巧
13.科技入門知識	14.計畫技巧	15.軟體技術
16.智慧資產知識	17.討論技巧	18.公共關係技巧
19.多媒體知識	20.描述技巧	21.諮商技巧
22.評鑑技巧	23.團體處理技巧	24.編輯技巧
25.計畫管理技巧	26.改變議題技巧	27.協商的技巧
28.評量技巧	29.資料分析技巧	30.個人組織技巧

　　William 接著對於遠距教育執行人員之角色及角色所應有之專業能力，做以下之歸納：

（一）執行管理者：包括管理技巧、預算技巧、市場技巧、策略計畫技巧等能力。

（二）教學者／促進者：包括教學內容知識、教學策略與模式、一般教育理論、為教學所需的網路工具技巧、為互動科技的教學設計、圖書館研究技巧，以及行為與技巧模式等能力。

（三）教學設計者：包括教學設計技巧、為互動科技的教學設計、媒體屬性知識、一般教育理論、文本設計技巧、教學網路工具技巧、教學策略與模式、網路相關程式技巧、學習型態與理論，以及 HTML 編寫技巧等能力。

（四）科技專家：電腦硬體技術、科技執行與維修技術，以及教學網路

工具技巧等能力。

（五）支持成員角色：建議與諮詢技巧等能力。

（六）圖書館員：圖書館研究技巧等能力。

（七）技術人員：科技執行與維修技巧、電腦硬體與網路技巧等能力。

（八）評鑑專家：一般教育理論等能力。

（九）圖表設計者：圖表設計技巧、文本設計技巧、建議與諮詢技巧等能力。

（十）訓練者：訓練技巧、行為或技巧的模式化、一般教育理論、教學策略與模式、教學網路工具技巧，以及建議與諮詢技巧等能力。

（十一）媒體出版者和編輯者：圖表設計技巧、建議與諮詢技巧、媒體屬性知識等能力。

（十二）領導者與變革的代理人：行為或技巧的模式化、管理技巧、市場技巧、策略計畫技巧、決策技巧，以及一般教育理論等能力。

綜合上述，學者對遠距教育工作者角色與能力之詮釋，發現遠距教育工作者主要扮演著教學領導、教育管理與革新、研究發展等角色，其所應具備之知識與能力則包括遠距教育領域知識、一般教學領域知識、資訊科技與媒體知識、英語能力、諮商輔導、研究創新、計畫策略與公共關係等。

三、遠距教育的品質與認可

二十一世紀品質保證議題首先由企業界所帶動，其原因在於市場的驅力迫使教育「成果」在傳遞與品質上受到檢視，同樣地，遠距教育之實施成果亦須面對「品質保證」（quality assurance）與「認可」（accreditation）兩項重要的議題，而這些議題在遠距教育的實踐與發展趨勢中將不斷地接受檢視，如市場與課程、科技能力與課程、機構的決策、課程的標準化、

班級的大小、成果，以及相同時間與地點的互動等。

American Federation of Teachers（AFT, 2000）提出教育品質的重要因素應包括廣泛的學術內容、高標準、人際互動與專業控制等四個因素、十三項指標，指標內容如下：

表 6 教育品質指標

1.學術機構必須維持學術控制
2.學術機構必須準備達成遠距教學的專業必要條件
3.透過媒體的功能來形塑課程的設計
4.學生必須充分了解課程要件，並準備進行成功的學習
5.保持親密的人際互動
6.透過正式的學術管道規劃班級規模
7.課程能涵蓋所有的教材
8.鼓勵進行多元化的課程實驗
9.應提供相關的研究機會
10.學生評量成果的比較
11.提供同等的諮詢機會
12.教材使用的創新與控制
13.相同時間與地點的電腦軟體課程

Lam、Chua（2007）也提到品質保證是網路教育的重要議題，而品質保證的過程包含五個重要的領域：一、內容的編輯；二、電腦軟體課程發展；三、成員的招募；四、教學；五、傳遞。

Barbera（2004）提出，網路教育計畫與傳統面對面的教育方式做比較，其所產生的網路教育品質議題更值得探討，這些議題包括：（一）學生學習

經驗的豐富性；（二）對網路教育成果的認同度；（三）學習的有效性；（四）學術的嚴謹性；（五）品質標準的認可機構；（六）網路教育的傳遞。

　　另外，Web-Based Education Commission（2000）高品質的遠距教育內容有助於學生及教育機構了解是否達成教育目標，而這些品質內涵包括：

（一）教育工作者的首要目標在發展獨立的學習者，使其能運用他們的知識到新的情境中。

（二）欲達成遠距教育目標，遠距教育工作者必須確認所欲達到的學習成果與教學方法。

（三）品質要素應包括質化與量化的資料。量化的資料如完成的比例、學生的表現、學生學習經驗的評量；質化的資料則包括教學要素的評量、教材，以及學習過程提供給學生的空間、活動與內容。

（四）能從教育實務、企業系統與學習研究中提供有效及適切的理論與成果。

　　遠距教育品質是確保遠距教育永續發展的關鍵利器，隨著學者探討角度之不同而有不同之論述，但綜合而論，遠距教育品質議題不外包括教育學術的嚴謹性、遠距教育專業、一般教學專業、創新與發展、品質與認可，以及教育成果等層面，其推動過程如能保有完整的教育專業、持續的創新與發展，且教育成果能獲得應有的認可與肯定，將能確保遠距教育品質。

四、遠距教育品質的成功要素

　　要使遠距教育推動更加的成功，以吸引更多的學習者，提供高品質的遠距教育課程是必要的條件，而高品質的追求需要包含學習者、教學者、專業人員的支持與設計、行政人員和相關社群等重要關鍵人物的參與。

　　由上述遠距教育工作者能力與角色、遠距教育品質議題之相關文獻分

析發現，欲有效執行遠距教育，其基本配備不外下列幾個層面與要素：（一）計畫策略與資源層面：如計畫策略的擬定、科技媒體資源的取得與支持、遠距教育相關人力資源的投入；（二）教育專業實踐層面：如課程設計、教學實踐、溝通諮商與互動機制；（三）成果認可與研究創新層面：如遠距計畫與學習評量、品質保證與認可、計畫檢視研究創新與發展等。其中，每一個層面皆有其重要的成功因素，而這些因素都植基於遠距教育專業研究與實務工作，每一個層面的成功因素彼此環環相扣、相互影響。茲將其分述如下：

（一）計畫策略與資源層面

遠距教育計畫是遠距教育執行的依據，關係著遠距教育的產出品質；而資源的提供是遠距教育目標達成的重要因素，無論在人力資源、知識、科技基礎設施等，均有助於提升遠距教育實踐的品質，因此，遠距教育機構如能獲得顯著與持續性的資源承諾，將有助於高品質遠距教育計畫的規劃與執行。

1.計畫策略的擬定

由上述文獻分析可知，具嚴謹與高品質的遠距教育計畫應能兼顧：（1）教育機構本身之政策、目標相契合；（2）能考量管理、預算與市場現實；（3）擁有計畫技巧，擬定有效的策略（如財政與哲學）；（4）能考量計畫執行的相關議題（支持服務、版權及智慧財產權、科技的取得）；（5）學術嚴謹性的控制；（6）透過正式學術管道規劃適當的班級規模等。這些計畫、政策與目標應讓相關成員了解，以提供遠距教育工作者、學生、計劃現在與未來目標的科技領導者，以及計畫標準發展之承諾。

2. 人力資源

(1)遠距教育工作者

Vaughan（2000）曾談到，遠距教育的行政人員與教學者應在遠距教育的品質標準上，與相關人員如學習者、專業人員的支持與設計和相關社群等進行持續性的對話。因此，成功和有經驗的遠距教學者必須與相關人員進行持續性的對話與互動，以充分傳達與了解遠距教育的教學與學習過程，諸如了解遠距學習的環境、遠距教育工具、科技的評鑑與選擇、透過媒體形塑課程組織且課程能涵蓋所有教材、教材選擇與編輯、教學計畫、學習理論、評量策略、網路工具技巧、教學互動科技、建議與諮詢等知識；其次，應具備相關的訓練技巧與行為，俾使學習者獲得正確與完整的資訊與訓練，協助其發展技巧與理解能力，使其在遠距教育獲得成功；最後，團隊合作的觀念、精通英語的能力亦是遠距教育工作者不可或缺的能力。

(2)遠距教育學習者

遠距課程較實體課程必須花費更多時間，而學生是否積極參與將影響學習成效（Tsai et. al., 2018）。遠距教育以學生為主軸，良好的計畫方案與教學設計有助於學生在學習過程中成長，如 Southern Regional Electronic Campus（SREB, 2000）提出，教育機構應提供清晰的、完整的和及時的網路課程與計畫資訊，以及線上互動、先備技術、必要設備、支持性服務、財政資源與成本等資訊給學生，並且應評估學生能力，使其在網路教育中獲得成功。Kearsley（2000）提到有效的課程品質應與過去、現在與潛在未來的學生進行對話以建立共識，並應與成員持續溝通，以了解在工作職場所需的知識與技巧，融入相關的課程當中。基於此，遠距教育學習者應能充分了解課程的規劃實施，並準備進行成功的學習，而為使學生能將時間充分運用於學習過程，應減少他們將時間花費在非學術性問題上，再者，亦須不斷增強學生豐富的學習經驗，發展成為獨立的學習者，使其能運用

所學的知識到新的情境中。

(3)科技媒體

遠距教育即使擁有最佳的教育方案、計畫、教學人員、學生，但缺乏科技媒體功能，諸如電腦軟硬體設備、教學網路、視訊、溝通傳播工具、網頁設計、多媒體，以及科技的執行與維修技術等，則遠距教育仍舊無法實施。因此，教育機構應擬定科技軟、硬體基礎設施，以及傳輸系統的支持方案。

科技媒體的選擇應透過遠距教育相關人員參與投入來決定，其中必須思考之因素包括專業人員工具的使用、學生的技術與預算、機構所能提供支持的能力，此外，所選擇的科技應基於學生與課程的適切性、學生的合理成本，以及科技的更新計畫等需求。

（二）教育專業實踐層面

遠距教學品質的首要工作在課程、教材與教學活動的嚴謹設計；其次是教學過程能協助學習者獨立學習，並將其所學成功的遷移至新的情境中。而在整體課程的實施過程中，有效的溝通與社群的建構亦是不可或缺的要素。

1. 課程設計

課程設計是機構達成目的與學生達成教學目標的最有效方法。遠距教育的實施是處於科技媒體的教學情境中，因此有效的教學設計應以課程與學生的需要來引導科技的決定，並提供學生正確的、嚴謹的、適切的與持續創新課程教材；其次，教學者如能提供正確快速的解答、在課程教材上能透過熟悉的視訊設計、課程標準能清楚的陳述，以及學生能充分了解評量的技巧等，都有助於學生獲得最佳的學習。

2. 教學實踐

　　成功的遠距教育工作者應了解在所有教學要件中，動機是提升學生學習的最重要因素。遠距教育學習者是獨立的學習者，需內、外部動機的激勵來強化其對課程內容的學習，諸如課程的建構（清楚的陳述課程內容的學習對學生的好處）、溝通與活動（透過活動的學習有助於學生知識的建構和課程理解），以及在教學實踐過程如能從教育實務、企業系統與學習研究中，提供有效與適切的理論與成果，亦有助於提升學習者的學習動力；另外，學生在遠距教育環境中能利用資訊文獻和科技技巧（如軟、硬體設施、網際網路等）從事學習，並能在課程內容中獲得高層次的認知技巧（例如分析、綜合與評鑑等），都是有助於遠距學習者維持學習動機的良方。因此，遠距教育工作者的教學設計，如課程計畫與組織、教學目標、行動學習策略、評鑑、引發動機、回饋機制、諮商過程等，以及互動科技設計，如加強視訊或教學服務、網頁設計、網路文本設計、多媒體、教學網路、網路相關程式設計等，都是教學實踐的重要元件。

3. 溝通、諮商與互動機制

　　遠距教育的實施建構在一種互動的機制，學生與教學社群及相關人員的有效溝通，是遠距學習成功的重要因素，因此，討論技巧、公共關係技巧，以及人際溝通技巧等都有助於良好溝通與諮商機制的建立，以確保親密的人際互動。

　　互動的機制應透過多元媒體工具融入完整的課程設計中，遠距教育應提供學生機會，因應每一位學生不同的需要，選擇最適切的媒體管道來與相關人員（同學、教授、專家等）進行課程互動或取得相關資訊（資料庫、教材影印、教學媒體）。課程互動的可利用管道，諸如：電子信箱、聊天室、討論區、電話、視訊會議和面對面會議等。

五、成果認可與研究創新層面

　　遠距教育應建立品質標準以檢視遠距教育計畫是否已達成預期目標；遠距教育教學者則應具備適當的評鑑技巧，以確認學習者之學習成效。遠距教育計畫的評鑑應涵蓋制度、教學與學生的因素，課程與計畫的評鑑與創新是一持續發展的過程，需要工具及相關人員的投入。

（一）學習評量

　　學生能力的表現是遠距教育最重要的成果，學生能透過自我評量來管理本身的學習，便是一位成功的學習者，因此，教學者可透過教學引導工作來鼓勵學生自我評量，如主題、學習單、日誌等，均有助於學生成為獨立自主而負責任的學習者。除此之外，學生亦可透過同儕視導、檔案建構，以及團體專業討論與回饋，來檢視學習過程中所獲得的知識與技能。

　　在評量學生學習成果時，提供學生正確的能力圖表，採取多元評量方式更可有效地了解學生所獲得的知識，以及其運用情形。Palloff、Pratt（1999）提到，在以學生為中心的課程安排中採用開放式、批判思考的評量方式，有助於獲得學生真實的學習成果。遠距教育中要建構具備效度與信度的測驗，必須有賴於學術的統整，遠距課程的測驗可能需透過電子傳遞、網路、電腦磁盤、電傳會議等來加以實施，如 Kearsley（2000）提到，網路教育評量的實施，可在同一時間架構中，透過閉路電視巨型的遠距電傳會議來監控學生作答。

（二）品質保證與認可

　　認可制賦予機構品質保證的象徵。如 Eaton（2001）指出：「認可是一

種外在品質檢視的過程，其目的在確保品質保證與品質改進」；The United States Network for Education Information（USNEI, 2001）將「認可」定義為：「一種確保學校等教育機構最低品質標準，以及統整相關學術行政與服務的過程」。其次，在品質的定義上，The Council for Higher Educa-tion Accreditation（CHEA, 2001）提出，所謂品質乃指能提供適切的目標及能達到和符合一般可接受之標準。綜上所述，品質保證與認可是一種「有計畫的、系統的對機構與方案的檢視，以做為決定教育、學術或設備的最低標準，以進行學術整合的過程」。

網路教育成果的認同度及品質保證的認可機構是另一重要課題。一般遠距教育的學生期盼他們所接受的課程能獲得區域性的認可，以利校際間的轉銜。在美國傳統教育機構，如高中、學院、大學等，能因應學生的需求提供遠距教育課程，而地區性的認可委員會議亦提供相關的認可計畫，以確保遠距教育計畫能與正規校園計畫有相同的標準，這也是我國在推動遠距教育時應努力的目標。

（三）計畫的檢視

學生參與、教學者與機構本身是決定遠距教育計畫品質的重要因素。學生能針對課程架構與範圍、學習活動、課程傳遞、科技的支持等要件提供回饋，是課程持續改進的重要因素。Palloff、Pratt（1999）曾提到，遠距教育課程要能持續發展應包含三個要素：1.課程氣氛是開放與支持的，學生方能提供誠實且具建設性的回饋；2.計畫相關成員在課程設計的過程中，能獲得充分的訓練與支持；3.制度層面能確保學生將學習所得清楚且適當地轉移到工作場域或更高的學習上，且教學者與學習者均能清楚了解學習的結果。

一般而言，遠距教育計畫之檢視至少應納入課程教材、課程制度的設計、教學與科技的支持、學生學習成就與滿意度等因素，每一要素均為遠

距教育計畫未來成功與否的重要參數，教育機構應正向省思計畫的現在與未來，以做為遠距教育成功的基石。

（四）研究創新

　　研究創新是遠距教育永續經營的不二法門，遠距教育工作者應扮演教育革新的角色，並隨時在教育理論、科技知識、市場機制、計畫策略、專業研究等領域能力上，不斷地突破與創新，藉由提升遠距教育品質，來達成遠距教育的持續精進與發展。

　　面對終身學習、知識經濟時代的來臨，以及快速變遷的工作職場，人們必須正確而快速地更新其所擁有的知識與技能以迎合時代的腳步。在一項網路資源的估計報告中，在 2000 年已約有 3 億 5,900 萬人口進入網路世界，到 2003 將達到 5 億人口使用網際網路（NUA, 2000）；根據 NUA（2004）的調查指出，在 2000 到 2003 年間世界，各國在網際網路的使用仍逐漸成長中，如日本在 2003 年已超過 50%的人口使用線上網路、澳洲則在 2002〜2003 年間成長了 112%、中國大陸已有 5,800 萬人口使用網際網路等，而在企業上至少能提供 10 個以上網址的網站以達 1,160 餘萬，直至今日 2021 年，網路世界的使用人口更是急劇成長，已經成為個人終身學習與組織競爭的必備利器。

　　另根據一項最新的調查指出，2006 年全世界賣出 4,700 萬臺筆記型電腦，100 美金電腦計畫準備每年製造 5,000 萬到 1 億臺筆記型電腦，給低度開發國家的孩子使用；NEC 和 Alcatel 已成功測試第三代光纖，這些光纖每一條每秒傳輸量是 10 兆位元，也就是說，每秒傳輸 1,900 張光碟，1 億 5,000 通電話，這個傳輸容量，每六個月成長三倍，估計未來二十年，也就是 2027 年，會以同樣的速度持續地成長（You Tube, 2007）。直到 2021 今天，在電腦普及率與傳輸速度光速的變化，已經遠遠超越我們的預期。

　　隨著網際網路的快速成長與人類知識、技能的快速取得與更新，將有

助於遠距教育的發展。在資訊科技發達的社會中,學生可透過網路快速取得相關的課程,並經由網路工具進行課程的比較。遠距教育之優點在其聚焦於學生的學習過程,課程與計畫亦配合學生之專長與需要,以至於能成功的吸引學生,以成就高品質的遠距教育目標。高品質的遠距教育成就是由最佳的資源、實踐與成果所組成,因此,遠距教育工作諸如傳遞科技的技術革新、遠距課程的品質與正確性、品質標準的制定等,教育機構必須能充分反映在學生的需求與社群的利益,並對遠距教育品質要求持續的發展與維護。

第七章　學生學習

　　面對一個快速變遷、截然不同的世界，我們將發現未來的學習將不再只是個人，他同時與個人所處內部組織、周邊系統、社會和經濟等產生連結，而周邊系統、社會和經濟正在被重新構想、重新創建，並挑戰過去的假設。Robertson（2010）提到，在過去的三十年裡，高等教育在本質和範圍、治理結構、知識的性質和價值以及與經濟和社會的關係，都面臨著重大挑戰，經歷了重大變革正；UNESCO 2009 年的一份報告指出，高等教育日益被視為經濟發展的主要引擎，大學、政府與產業連結的「三螺旋」關係，對大學內部的組織發展產生顯著的變革（Altback, et. al., 2009）。高等教育是培養國家所需人才的輸出管道，自扮演著未來人才養成的重要角色，然與高等教育有著密切銜接關係的高級中等以下各級教育與機構，自然受到社會、政治與經濟結構的影響，呈現出公平、均等與正義的相關議題。因此從國家、社會到學校責無旁貸要為學生學習盡最大努力與效益。

　　國家應探索多元教育實踐的途徑，跳脫傳統教育體制思維，重新連結新的社會與經濟脈絡，提供適當的學習制度與環境、促進公平和包容，特別是為了確保優質教育，針對教育資源不足地區提供必要的資源挹注，這包括人力資源、物力資源與財政資源等，以確保每一位國民均能接受適時的教育，因應並具備未來生涯發展所需能力，確保具有未來所需能力，進而提升國家整體競爭力。

　　面對未來我們該學習甚麼？台灣從九年一貫課程綱要到十二年國民基本教育課程綱要，除了強調扶弱與拔尖的策略外，在學生學習上也由培養

學生十大基本能力轉變為培養學生九大核心素養，除了台灣的課程改革之外，國外亦早已提出培養學生相關素養與能力的教育方針。

一、公平與均等的教育

　　教育是希望的工程，教育也是實踐社會正義的最佳途徑。弱勢家庭與族群需透過教育資源分配或改善教育狀況，來解決其在教育上所面臨的負擔與學習問題；並藉助社會資源或民間團體的承諾、理解、共同參與及分享承擔等協力過程，促使教育正義的達成（張奕華、劉文章，2012）。學習應伴隨著每一位學生，成為學生人權不可輕忽的課題。因此，學習應兼顧每一位學生的不同需求，具備公平、公正與均等的教育原則。由於教育的民主化與多元化，偏鄉教育問題益發凸顯，然受限於先天地理位置，偏鄉地區普遍存在人口老化、外移及文化刺激相對不足等諸多不利教育推動因素，加上社經背景較低，家庭及學校教育資源相對不足等後天因素的影響，導致偏鄉學生往往無法取得較好的教育成就（Miller, 2012）。

　　審視當前教育發展，弱勢學生（低收入和中低收入）的教育學習成果，仍舊存在於許多國家，成為各國普遍的教育現象。形成這種情況的因素包含：每名學生教育經費的支出低、教育資源分佈不均，且差距越來越大、不完善的政治經濟框架且創新不足，若要更有效和更公平的教育，教育資源的投入與有效使用刻不容緩（Gonzalez et. al., 2018）。因此各國領導人應鼓勵增加對每一位學生的教育投資，讓教育產生更高的社會回饋（Gonzalez et. al., 2018））。增加每名學生的教育支出，多年來一直是教育政策討論的重要議題，教育投資會對教育產生正向回饋（Becker 1975, 1995; Psacharopoulos 1994, 1995; Montenegro & Patrinos, 2014）。此外，證據顯示，早期教育的回報率特別高因為在那個階段學到的事物有助於未來的學習。

因此，增加每名學生的教育支出，應為國家政策的優先事項（Heckman, 2008）。

　　教育公平之定義相當多元而豐富，如 Williams（1967）認為「教育公平」是指任何人皆不因政治、經濟、社會與文化因素之差異而有不同的發展和參與學習的機會，教育公平的精神與內涵指的是社會正義的意義。Benadusi（2001）認為造成教育不平等的因素有二，其一為性別、種族、社經地位、國籍等先天因素所造成，其二為個人先天能力結合後天結果所導致，以及 Parson（1970）亦指出，在教育公平的層面上，應致力於透過教育打破傳統的階級社會，轉變成真正的民主社會；蔡金田（2012）指出，教育公平具有以下特性：（一）教育公平包含教育權利及教育均等的概念；（二）教育公平具有種族、性別、能力以及社經地位等複合性特質；（三）教育公平具有其理想性，為一種理想的追求；（四）教育公平具有隨時空變遷的相對性，如國內實施已久的教育優先區指標隨著社會環境與教育現象的改變而有所調整；（五）教育公平旨在消除因受教者所處地位不平等所產生的教育不公平現象，有其目標導向；（六）教育公平可透過種族、性別、身心狀況、居住區域、入學的均等、教育資源的投入、教育成果等進行分析；（七）教育公平具有如入學率、輟學率、對每位學生的支出、師生比、教育經費的投資、班級人數的平均規模等測量性。

　　Shoho 等人（2005）曾談到在當前社會正義的論述中仍缺乏一個能被廣泛確認的定義；部分學者則認為社會正義在尋找不公平的現象，對於弱勢學生提供機會與教育公平的實踐（McKenzie &Scheurich, 2004）；康新貴（2009）提到社會正義應有兩個基本原則：一為平等自由原則，即每個人應平等的享有基本自由；第二是差異原則，確立社會和經濟的不平等時，應當對整個社會，特別是應當對處於最不利地位的人有利，而且所有的社會地位和官職，對一切人開放或提供平等機會；陳俊宏（2016）認為，一個令人滿意的教育正義理論，必須同時考量平等與適足的重要性，教育平

等論強調教育資源的平等分配,而 適足論所強調透過教育達到政治與社會平等,皆是教育的重要目標,兩個目標的追求是可以同時並行;施又瑀（2018）實踐社會正義所採取的措施,包括:(一)建立以教育功能為 經、創新經營為緯的引導架構;(二)重視多元適性發展,提供舞臺發揮學生 潛能;(三)鼓勵教師同僚專業互享,提升教師有效教學;(四)整合各方資源 並落實課後輔導,有效改善弱勢學生學習;(五)深耕品德教育,形塑友善校園;Theoharis（2004）強調,社會正義是以道德價值、公平、關懷與尊重來對待少數種族、族群、階層等學生,使其在教育的過程中獲得公平的對待。

Mission Australia 2017 年調查 24,055 名,年齡在 15-19 歲之間的澳大利亞年輕人,希望能了解澳大利亞各地年輕人的價值觀,並了解他們心中的問題,調查報告指出:（一)「十分之四的年輕人對他們實現畢業後目標的能力表示高度信心,但接近五分之一的年輕人對實現目標只有一點信心或根本沒有信心,其中排名前三的障礙是學業能力、經濟困難和心理健康（應對壓力、自我形象與消極抑鬱）;（二）報告亦指出年輕人更重視未來就業與未來學習;（三）對於所有年輕人來說,成長的重要性是能感覺自己是家庭和社區的一部分、能與居住地文化和社區的互動聯繫是增強他們適應能力的重要因素、語言與文化的包容性,能確保他們在當地服務的因素（Bullot et. al., 2017）。

Harris 等人（2013）指出,全球研究和政策文獻都建議,以學生為中心的學習更應考慮文化不利的弱勢的學生,讓它們能做好未來就業的準備並能成為社會的民主參與者,他們談到以學生為中心的教育具有以下共同特點包括:（一）個性化教與學,滿足個別學生的需求;（二）專注於構建意義和理解,而不只是完成任務;（三）與學生生活息息相關且具有挑戰性的課程;（四）鼓勵學生進行合作的環境;（五）引導學習,而不是以老師為中心;（六）學習應與校外、社區更廣泛的聯結。

OECD（2012）對於學校教育提供了五項政策建議,這些建議已被證明

在支持改善文化不利地區學校績效表現是有效的：（一）加強和支持學校領導；（二）營造支持性的學校氛圍和學習環境；（三）吸引、支持和留住優質教師；（四）確保有效的課堂學習策略；（五）將學校、家長與社區做有效連結。

　　資訊科技與當代社會的接合，不只展現創新工具應用與促進社會公平的發展圖像，亦穩定、累積且交換地再製與轉化社會不平等事實（Halford & Savage, 2010）。提升弱勢群體參與資訊科技，提供友善的數位學習環境，協助提升資訊能力與資訊素養，藉由數位連結的效益，減少文化與語言的異質性，協助不同社會背景的學習者，參與學習活動並融入社會實踐（陳儒晰，2013；Adam & Kreps, 2009; Earner, 2010; Shieh et. al., 2011）。在學生未來學習的議題上，除了必須開展不同的學習管道以因應社會經濟的發展所產生的人力市場需求；應投入更多教育資源，提高每生的教育支出，讓學生在資訊科技與網路覆蓋的知識經濟環境中，擁有適應未來生活與生存的能力；提高教育的公平性與正義性。過往，學校教育的過程常被引喻為「學生學習是一種強制性過程，不受學習者自身利益的驅使，學習者的學習不是由於本身的學習慾望，而是由一套特殊的慣例強制執行的過程」，忽略了學習者本身的因素，但隨著時代的變遷，這樣的隱喻也正悄悄地走入了歷史，讓學生學習有了更新的定義。

二、數位學習趨勢

　　源於數位時代此一不可逆的教育趨勢，數位科技的衝擊，也帶來翻轉教室與翻轉教學的軌跡，接續上演的便是智慧教育、智慧學校與智慧教室的誕生。而此趨勢也促使我們有機會去轉化教育系統，成為致力於學生學習、授權教師與行政人員，以及發展高價值且具備全球技術的能力，藉由

數位課程與教學確保學生學習需求。

聯合國教科文組織（United Nations Education Scientific and Cultural Organization, UNESCO）在 2012 年推出為未來而學習（Learning For the Future, LFF）計畫中，強調資訊科技在教育（Information Technologies in Education, ITIE）的運用，計有十四個國家、四十二所學校參與計畫（Fraser, 2014）。此計畫的推動揭示，資訊通訊科技在教育的運用，已是全球發展趨勢，學校教育當迎接此一新浪潮的降臨。Rat für kulturelle Bildung（2019）談到，大部分學生會使用數位科技來支持學習，例如視頻平台提供了課程的學習與解釋，並且可以隨時根據需要播放。而最近最新出版的國際計算機和資訊素養研究（International Computer and Information Literacy Study, ICILS）指出，資訊素養與學生社會背景之間有顯著相關性（Fraillon et. al., 2019）。上述所述，無論在政策、學習與研究都顯示數位學習在當前與未來學習上扮演重要關鍵角色。

Attwell（2007）提到，未來數位學習的願景之一是個性化學習環境（Personalized Learning Environment, PLE），Attwell 認為，在終身學習的環境脈絡下，個人學習將透過教育雲來獲取學習工具和資源，此外，PLE 主張，學習將發生在不同的背景和情況下，不會由單一的學習提供者提供。與此相關的是人們越來越認識到非正式學習的重要性。對於 Attwell 來說，PLE 將所有學習（尤其是不同的學習方式）結合在一起，包括非正式學習、工作場所學習、在家學習、解決問題的驅動學習和個人興趣驅動的學習以及通過參與正規教育計劃進行學習。學生對本身的教育有很大的控制權，教師被視為指導的角色，幫助學生制定課程計劃和工具。

教育部 2018 年倡導「國中小行動學習推動計畫」，旨在鼓勵學校善用資訊設備及數位資源，使教學更活潑、創新的計畫，除期許能增進學生課堂參與度及提升教師教學品質外，希望能培養學生善用數位科技，提升其

學科知識和能力，包含批判思考、創意思考、問題解決、溝通表達、合作學習等關鍵能力。在 2017 年「資訊科技融入教學創新應用團隊」暨「行動學習優良學校及傑出教師」頒獎儀式，全國共選拔「資訊科技融入教學創新應用團隊選拔」優勝團隊 20 隊，「行動學習」40 所優良學校及 20 位傑出教師（教育部，2018）。在國外，針對行動學習亦多持肯定的看法，如 Kanala 等人（2013）表示，運用行動學習有助於學生創意寫作技巧的提升，並且能激勵達成任務的動機；Kee、Samsudin（2014），亦提到學生對行動學習持有正向態度，行動載具如遊戲、娛樂工具，可以用來學習、存取學習資訊有利於學習。

　　教育部「教育雲」整合公私部門之數位學習資源與服務，提供全國學校師生免費使用，包括臺灣微軟公司、思科臺灣 Cisco 公司提供免費線上視訊會議系統，供學校進行同步（直播）教學使用；中小學教師可依課程進度及學習需求登入線上學習平臺備課，指派學生適宜課程、學習內容與作業（或線上討論），如：因材網、酷課雲、均一、學習吧等；大專校院學生，除可利用學校的線上學習系統選修 學分課程外，也可透過線上開放式課程平臺，如：磨課師線上入口平臺、臺灣開放式課程 暨教育聯盟（TOCEC）課程平臺及臺灣通識網（get）等，選修合適的課程自主學習（郭伯臣，2020）。

　　學習是一個積極的過程，在這個過程中，人們通過情境化和真實的任務，無論是單獨還是合作，藉由積極的探索、實驗、討論和反思來構建新知識（Resnick, 2002）。2010 年 CERI 提出「行動導向的學習理論」，闡明學習的七項原則：（一）認學生是學習的核心，應鼓勵他們積極參與並讓他們理解自己在學習過程扮演的角色；（二）學習與活動奠基於社會的本質，應積極鼓勵良好的互動與合作學習；（三）學習的專業化是確保學習者的動機、情緒以及學習成就的關鍵要素；（四）有感於學習者之間的個體差異，包括他們的先備知識；（五）制定適切的工作和挑戰的計劃；（六）建立明

確與適切的期望，並進行有效的評估與回饋；（七）強化並促進跨知識和學科領域，以及社區和更廣闊世界的橫向聯結（MacBeath, 2012）。隨著學習更具互動性的演變，必須思考學習的空間的性質、教學法、線上學習以及他們彼此的相互影響（Bates, 2015; Johnson et al., 2015; Andrews & Tynan, 2011）。Lai（2011）認為，數位科技的潛力在於它能夠支持更具互動性和交流性的過程，通過支持一對多和多對多的交流，促進參與式教學，並支持發展線上學習社群。吳玟瑩、莊涵芬（2015）研究發現，完善數位平台可提供使員工相互討論學習，且組織因持正面態度鼓勵員工。

當前資訊社會已逐步轉進到智慧社會，無論是社會學家、哲學家、資訊科技專業人員或教育專業人員正將此概念應用到社會品質層面，人們透過資訊科技的訓練與使用來進行工作品質的革新，創造更佳的社會、經濟與教育效益（Tikhomirov, 2012）；Morze、Glazunova（2017）認為，在智慧社會中，教育典範與教育科技自然地進行變革，而此智慧社會成功的因素，有賴智慧學校統整科技的革新與網路的運用，提供高品質的教育和科學的過程；Norhasni（2009）亦提出，全球化衍生今日無疆界的世界，無法預期的環境改變，將對現存教育系統產生直接的影響，面對未來競爭與挑戰，以及數位經濟、數位革新的時代，教育系統必須進行有效的，從根本性產生變革。而此變革將直接切入學校行政管理、學校文化、人力素質的提升、教學與學習方法、課程教材與學習成效等教育重大要素，直接影響學校教育品質。

隨著線上學習越來越多的趨勢，學校也要讓學生感受到校園學習是有價值的，校園活動必須是有意義的，為學生提供彈性且良好設備的學習空間將扮演關鍵角色。Patrick（2010）提到，學習必須擺脫傳統分類和認證學習的形式（正式、非正式），採用新的參數和工具進行驗證和認可，邁向重視學習的新方法。數位學習不僅使用網際網路學習，更結合多媒體教材於學習內容上，使得學習教材除了傳統的文字與 圖片外更多加了聲音與動

畫，有效提升學習者對於課程內容之興趣及學習意願，而且學習不受時間、空間的限制，不僅能依照學習者之學習吸收情況調整進度，更能透過重複學習加強 學習印象，有效降低學習成本（李勇輝，2017；Clark & Mayer, 2007; Huffaker & Calvert, 2003）。

今日的正規教育應該從彈性學習著手，並且提供適當的非正式學習，以確保在當前資訊科技發達的社會中不被時代所淘汰。「正式」與「非正式」學習應逐漸演變與過渡，如「學會生活」和「學會謀生」技能的區別，協助我們理解學習的機制。因此，若從此觀點思考，中等和高等教育應更貼近於特定的就業成果（例如工作計劃、以工作為導向的諮詢、實習和學徒制），而不是以關鍵和非關鍵能力區分，因此，什麼樣的學習經歷上能夠加強學習者的就業能力水平，亦即學習經驗如何能夠改善學習者的工作機會、並鼓勵那些想要獲得新知識與技能並擁有靈活性和流動性，以豐富完整的學習，一種有價值的學習。

數位教育結合學生學習，應考慮學生的角色。學生是數位教育的主要接受者，他們的學校經歷以及他們未來的職業取決於今天的選擇。當代教育的目標應該是繼續為學生提供不同學科和學科的知識，同時為他們提供駕馭數位世界所需的數位能力與技術。

三、客製化數位課程

一般認為學校無法跟上科技變革與社會和經濟發展的步伐，教育和課程改革總被廣泛的討論。當前，隨著數位科技的蓬勃發展，並且已深入教育體系，了解學校課程有著悠久的歷史，然而，課程理論和數位媒體之間的聯繫還沒有獲得很好的發展，關於數位時代學校課程的實踐和概念影響的研究則並不多見。數位媒體和學習已成為 21 世紀教育研究的關鍵領域，

21 世紀課程的創新，應聚焦於未來課程的各種理念如何被融入學校實踐，並藉由將課程和數位媒體結合做好課程的規劃。探索未來課程將面臨一系列當代社會、政治、經濟和文化問題，並檢視有關未來課程的實際組織和規劃的想法，諸如什麼樣的未來課程願景正在被想像、發明和推廣？這些論點代表著任何課程總是連結著過去的方式，同時也促進了對未來的特殊願景，它是動態的過程，必須兼具理解過去與未來的軌跡，同時表達了過去的遺產以及對未來的渴望和焦慮。

Williamson（2013）認為多數課程改革都遵循以下公式：（一）確定重要的社會願景；（二）與社會情境條件的結合；（三）為實現這些社會目的，教育系統的角色和內容形式以及課程改革應該採取的措施；（四）制定實現這些目的的手段，引發現有課程形式的變革和社會的改變。

Tweddle（1993）認為，未來的課程在學習的內容、地點、時間和方式將逐步走向個別化與個性化，而將資訊科技整合運用於教學與學習已獲得普遍的認同，其主要因素為：（一）電腦的攜帶便利性，隨時能造訪不同網站媒體；（二）有線廣播的力量；（三）衛星提供的種類多元且數目逐漸增加；（四）電子通信跨越時空，減少隔離。Tweddle 接續談到，將資訊科技融入課程具有以下優點：（一）為表示知識提供了新的形式和結構，就像語言一樣，它會影響知識和個人與其之間的關係；（二）賦予個人承擔風險和犯錯的權力，減少在時間和教材方面的付出；（三）增加學習者詮釋與運用資料的機會；（四）將原始資料和二手資料的整合，有助於創新發展；（五）電子通信傳輸提供了一種新的媒介，為溝通帶來了新的脈絡與目的；（六）資訊科技的使用，提供邏輯思維、序列理解和學習技能的發展機會；（七）能記錄過程中發生的事蹟，從而提高學習者的反思能力與教師干預學習的機會。

Potter、McDougall（2017）認為，應從外部文化帶來的技能和性格重新界定官方課程和非正式知識，讓知識變得開放與可用。不同時代的政治、

經濟與社會發展會對教育體系產生不同的影響，例如工業時代標準化的運作模式，帶來了標準化的教育體系，今日網際網路帶來的物聯網與大數據亦將為現有的教育體系產生衝擊，讓我們重新思考學生該學什麼？如何學習？方能應對未來社會環境的變遷，而這個議題也在各國逐漸的發酵。芬蘭 2014 年完成 7 至 16 歲義務教育的全國核心課程改革規劃，將用未來一年半的時間，交付地方教育主管機構研究，根據這份核心課綱，自主、創意發展新課程，芬蘭教育委員會定義出七種未來需要的「橫向能力」（transversal competence）：（一）思考與學習的能力；（二）文化識讀、互動與表述能力；（三）自我照顧、日常生活技能與保護自身安全的能力；（四）多元識讀能力（multi-literacy）；（五）數位應用能力；（六）工作生活能力與創業精神；（七）參與、影響，並為可持續的未來負責。簡單來說，這七種橫向能力就是哈佛商學院教授巴登（Dorothy Barton）在 2015 其所著的一本書《知識之泉》中所提出「T 型人才」「T 型能力」（天下雜誌，2015a）。

OECD（2018a）認為，課程設計應以知識為基礎，課程改革假設教育是一種擁有眾多利益相關者的生態系統，包括學生、教師、學校領導者、家長、國家和地方政策制定者、學術專家、工會以及社會和商業合作夥伴等利害關係人共同致力於開發課程。在上述的基礎上，OECD 教育 2030 確定了五個各國在發展課程的共同挑戰：（一）面對家長、大學和雇主的需求和要求，學校正在處理過度負荷的課程，學生往往缺乏足夠的時間來掌握關鍵的學科概念，或平衡生活的利益，培養友誼，睡覺和精煉。因此，學校必須轉化讓學生從「更多的學習時間」到「優質的學習時間」；（二）課程改革在認可、決策、實施和影響之間存在著落差，課程目的與學習成果之間的差距通常太大；（三）學生必須獲得高品質的學習內容，在參與學習中並獲得深度的理解；（四）課程在創新的同時要確保公平，所有學生（不僅僅是少數人）能從課程中獲益；（五）仔細規劃和協調對課程改革的實踐至關重要。

在不同國家，課程和教育系統具有相關性，為應對上述挑戰，OECD（2018a）提出工作組成員和合作夥伴共同創立「設計原則（design principles）」，說明如下：

一、就概念、內容和主題設計：（一）學生：課程應該圍繞學生設計，以激勵他們並認識到他們先前的知識、技能、態度和價值觀；（二）嚴謹：主題應該具有挑戰性，並能夠進行深入思考和反思；（三）聚焦：應引入相對較少的主題，以確保深度和學生的學習質量，主題可能會重疊，以加強關鍵概念；（四）連貫性：主題應排序以反映學科或學科的邏輯，隨著階段和年齡的發展從基本概念到更高級的概念；（五）結盟：課程應與教學和評量實踐保持一致。不同的評量實需要用於不同的目的，應該開發新的評量方法來重視學生學習的結果和行動；（六）可轉移性：優先考慮可以實現的知識、技能、態度和價值觀，在一種環境中學習並轉移到其他環境中；（七）選擇：為學生提供範圍廣泛的主題和項目選擇，並給予機會提出學生自己的主題和項目，並能給予支持，做出明智的選擇。

二、過程設計：（一）教師：應授權教師使用他們的專業知識、技能和專長；（二）真實性：學習者應該能夠將他們的學習經驗與現實世界聯結，並有感於學習的目的，這需有效地傳遞課程，且能跨學科、協作學習以及掌握學科的知識；（三）相互關係：提供學習者機會，發現一個主題或概念，並能有效連結學科內、學科間的其他主題或概念、以及校外的現實生活；（四）彈性：「課程」的概念應從「預定的、靜態的」發展為「適性和動態」，學校和教師應該能夠更新和調整課程以反映不斷變化的社會需求和個人學習需求；（五）投入：教師、學生和其他利害關係人應儘早參與課程開發，以確保他們對實施的權力。

中國教育信息化在線（2016）談到，在未來，標準一致的集體課程將成為過去，處於大數據的時代，個性化課程的設計，將會替代標準課程的絕大部分市場，未來學生需要的將是個人能力，其次才是實踐能力、學術

能力。中國教育新聞網（2016）報導，美國聯邦教育部在 2007 年就制定了《21 世紀技能框架》，提出了 21 世紀美國教育應培養的核心素養和技能，這也是美國在全球「核心素養」教育改革浪潮中的思考和實踐。該《框架》將 21 世紀人們應具備的基本技能整合起來，繪製了學習者的學習設計和培養技能藍圖。《21 世紀技能框架》主要的四個內容是核心課程和 21 世紀教育主題（Core Subjects and 21st Century Themes）、生活和職涯技能（Life and Career Skills）、學習和創新能力（Learning and Innovation Skills）、資訊媒體與技術能力（Information, Media and Technology）。其中，學習和創新能力處於 21 世紀學習技能的金字塔頂端，包含了創造性和創新能力（Creativity and Innovation）、批判性思維和問題解決能力（Critical-thinking and Problem-solving）、溝通能力（Communication）和合作能力（Collaboration）。這些能力俗稱「4Cs」，被視為美國教育革新的核心任務。

肖遠騎（2017）談到，《中國學生發展核心素養》總體框架，明確指出學生應具備的、能夠適應終身發展和社會發展需要的必備品格和關鍵能力，分為文化基礎、自主發展、社會參與三個維度，包括人文底蘊、科學精神、學會學習、健康生活、責任擔當、實踐創新等六大素養。Hicks（2003）指出，未來導向的課程設計原則包括：能激發學生的學習動機、能預期並接受改變、養成批判性思考能力、能做好價值澄清、養成做決策的能力、導引創造性思考、能預期更美好的世界、養成負責的全球公民。

Ehlers、Kellermann（2019）提出，未來高等教育市場的四個關鍵驅動因素。每個驅動因素都對高等教育機構具有根本性的變革潛力，它們共同相互影響，跨越高等教育可能發展的空間，其中有二個與內容和課程相關的驅動因素，即（一）個性化高等教育、（二）聚焦未來技能；和二個與組織結構相關的驅動因素，即（一）多機構學習路徑，（二）終身高等教育，未來高等教育的輪廓、樣式和本質，將沿著上述四個「變革支柱（pillars of change）」的關鍵驅動因素，四個因素的配置模式將影響高等教育戰略的發

展。吳耀明（2010）指出，未來學校教育的發展趨勢，包括以學生為主體的 PBL（Problem-based learning, PBL）教學、同儕教練促進專業成長、重「學力」甚於「學歷」、多元評量取代紙筆測驗、打破學習藩籬的流動教育、「數位化」學習的普及、喚起未來意識的的課程設計、終身學習的學習型組織、及全球教育的思維。

　　人力市場、資訊科技與社會進步不斷在革新。國家的學校系統必須建立一套真正支持學生發展，貫穿各級教育的教育藍圖，以確保學生能獲得未來社會與經濟發展所需的技能和經驗。Costin、Coutinho（2017）提出，持續學習循環的課程模組，如圖 5。

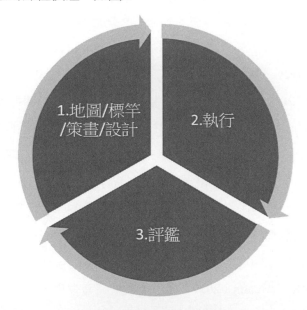

圖 5 持續學習循環的課程模組

　　圖 5 旨在說明，從編製課程地圖、建立標竿、進行策劃與設計課程；導入課程實施；最後進行課程評鑑。首先，需要繪製市場需求、社會和科技發展以引導科技政策，通常為引用數據來為教育政策提供資訊；調整課

程並提供學生發展能力的機會，為社會做出貢獻；其次，要循序漸進實施課程，為學校和教師提供空間，有效制定課程所需的資源和培訓，學習並改進他們自己的經驗。可由高績效教師制定詳細的課程計劃，每個主題以及跨學科的模組，促進深度學習和可轉移的技能，例如協作和批判性思維；最後，應使用什麼框架來定義、監控和評鑑技能，尤其是那些置於社會情感領域的技能領域。例如，生物識別、社會心理測量和實驗評估方法、情感技能，這些數據出現的頻率收集，以及其有效性和可靠性機制。

　　Jurko（2016）認為，永續發展課程主題的主要領域/學習領域，是相互依存、行動與效益的關係，目標是建立面向未來的思維和對下一代的發展，每一個週期都規劃了學生該有的作為，以及主題的知識、技能和態度，如表 7。

表 7 課程相互依存行動與效益

行動與效益			
學生	知識	技能	態度
確定人與人之間良好關係	能區分好壞關係	在不使用暴力的情況下解決問題和分歧	能意識到良好關係的重要性
相互依存			
學生	知識	技能	態度
能解釋經濟活動與社會和環境的連結	能解釋經濟如何影響社會和環境	能獲取和分析人類活動對環境影響的數據	能感知使用自然資源和公共資源的責任

　　課程改革並不完全是課程本身的變革，更涉及教師、政治、經濟、社

會與環境的變革，尤其是教師角色的轉變，如果教師角色無法隨之調整，任何的課程改革亦將付之流水。因此，教師作為學校課程變革的重要參與者，必須為（與）學生提供「精準課程」，做好人才培養和能力提升，建立符合個殊性的課程特色。面對政治政治、經濟、社會與環境的變遷，尤其在大數據網際網路通行無阻的現代，數位課程與數位教材等雲端教育資源的豐富性與專業性，教師對於課程教材的選擇更趨於多元，學生學習也更加的豐富與統整。例如，「人工智慧化」的教育趨勢，凸顯人工智慧時代學生的學習課程不應僅限於課堂知識的學習，教師應順應時代發展趨勢，開設一些如 3D 列印技術、機器人程式設計等課程，讓更多前沿知識能夠及時地進入課堂，成為學生的學習套餐，實現課程內容的藝術化與生活化。若教師能隨環境做有效轉變，教師角色將能讓學校課程的內涵延伸觸角，進一步優化課程的理論與設計，統整活化課程的運用與功能的彰顯。

課程發展應該融合知識、技能和態度，多樣性、深度、學術和現實世界的學習都是課程設計必須涵蓋的組成元素，將學習與現實世界聯繫起來的。在未來，課堂教學方式正在經由融入新的教學方法和學習方式（例如在課程中加強互動和協作）來適應不斷變化的需求。未來課程改革必須因應今日和明日世界的需求，在高品質的原則支持下，能夠為孩子量身定製，讓他們更容易處理複雜的問題。課程應確立當前公民和經濟應具備的知識和技能，以及兒童和青少年在學校生命週期學習發展過程中能擁有這些相同的技能，同時確保高質量的內容和公平，及時滿足社會的社會和經濟需要，因此，未來課程的設計與發展應同時兼顧上述需求。

四、孕育未來能力

前瞻未來、思考未來、想像未來以及規劃未來儼然成為一種個人成功

所需具備的能力與優勢。Prensky（2001）提出了數位原生世代（Digital Natives）的概念，他認為在數位時代孩童從出生開始就處於數位環境中，電腦已成為他們學習的基本工具，更是日常生活中不可或缺的一部份。科技打破時空的界線，讓學習無處不在，所謂沒有圍牆的學校或、學校已然不存在等概念，並非直指物理空間的存在，其代表的更是一種有組織的學習體系，換句話說，未來的學習是不是在固定的空間裡已非學生學習的重要議題，而是要讓學生隨時隨地的進行探索和發展，讓學習無所不在。

Phan（2009）指出，具備未來的概念與思考，且進一步能展望未來的人，會有較高的成就動機，以及正向實踐的行動。面對未來的學習，學生必須具備未來學習的能力，這包括「資訊科技」、「學習如何學習」、「自我導向學習」以及「做中學」的能力等。未來的學習，必須培養新能力，因此老師角色、學級的設計、上課活動重點、學習結果評估方式，甚至教職員的互相學習方式，都需重新定義（宋東，2006）。哈佛商學院教授 Dorothy Barton 在 2015 其所著的一本書《知識之泉》中所提出「T 型人才」的概念，「T 字」一橫一豎，意謂著最佳人才必須具備水平寬廣的通用才能，包括跨領域跨專業的知識廣度以及擁有垂直縱深的專業深度與廣度。

Saavedra、Opfer（2012）認為，讓學習者具備 21 世紀的工作、公民身份和為生活做好準備的能力，是一項艱鉅的任務。全球化、新技術、移民、國際競爭、不斷變化的市場以及跨國環境和政治挑戰都驅動了學生生存和成功所需的技能和知識－高層次思考、深度學習以及複雜的思維和溝通技巧。

CEDA (2015) 報告指出，對當前和未來人力市場所需的關鍵技能中，洞察力是相對不足的關鍵能力，報告中強調，靈活處理複雜且往往模棱兩可事情的知識遠比事實經驗的積累重要。事實上，在瞬息萬變的就業市場中，學生在學校教育中學到的知識可能無法讓他們在勞動力市場上充分發揮作用，因為他們可能不得不經常換工作，而且在學校學到的許多技能與

知識其半衰期甚短。

OECD（2018b）提到，到 2030 教育必須培養三類重要「權變能力（Transformative Competencies）」，共同應對年輕人不斷增長的創新、責任感和意識的需求，即：（一）創造新價值：迫切需要新資源的成長來實現更強勁、更具包容性和更可持續的發展。創新可以為經濟、社會和文化困境提供重要的解決方案。創新經濟更有生產力、更有彈性、適應性更強，並且能夠更好地支持更高的生活水平。越來越多的創新不是來自個人單獨思考和工作，而是來自與他人合作，利用現有知識創造新知識，而創新是建構在包括適應性、創造力、好奇心和開放心態的能力基礎上；（二）調和緊張局勢和困境：在一個以不平等的世界中，必須在當地環境中調和不同的觀點和利益，需要年輕人善於處理緊張局勢、困境和權衡，例如，平衡公平與自由、自治與社區、創新與連續性，以及效率和民主進程，在相互競爭的需求之間取得平衡。個人需要以更綜合的方式思考、同時考慮到相互矛盾或不相容的思想、邏輯，以及立場之間的相互關係，意即必須學會系統思考，避免過早結論，方能確保自己及其家人和社區的福祉。（三）承擔責任：承擔責任是上述兩個能力的先決條件。處理新奇、變化、多樣性和模糊假設時，個人可以獨立思考並與他人合作。同樣，創造力和解決問題的能力需要有能力思考自己行為的後果，評估風險和回報，以及接受對自己工作成果的責任，這顯示出一種責任感，以及道德和智力的成熟，一個人可以根據個人的經歷反思和評估自我行為的對與錯、自我和社會目標，而合乎道德的行為意味著提出與規範、價值觀、意義和限制相關的問題，例如：我該怎麼辦？我這樣做對嗎？限制在哪裡？知道我做了什麼的後果，我應該做嗎？這種能力的核心是自我調節的概念，包括自我控制、自我效能、責任、解決問題和適應能力。

Word Economic Forum（2020）認為，學童必須做好未來的準備，不僅要成為未來經濟的生產貢獻者，也要成為未來社會中負責任和積極的公民。

而為實現這一願景，需要具備四項關鍵技能：（一）全球公民；（二）創新與創造；（三）科技；（四）人際關係。雖然這些對於解決最緊迫的新興需求至關重要，但教育系統還必須實施彈性的適應機制，以確保它們始終迎向未來。首先，全球化和科技是主要驅動力，它們創造了一個更加相互依存的世界，為每個公民在應對全球性的挑戰中發揮更大作用；學校系統應專注於培養學童對更廣闊世界的普遍認識、對全球問題相互關聯的理解、以及在全球社區中發揮積極作用；其次，創新、靈活性和適應變化已成為價值創造的關鍵驅動力。在瞬息萬變的經濟環境中，能夠快速產生和採用新想法、流程和產品的國家將具有競爭優勢。然而，一個經濟體形成有效創新生態系統的能力在很大程度上取決於其人力資本。為了對未來經濟做出富有成效的貢獻，兒童必須培養創新想法所需的技能，並將這些概念轉化為可行和可採用的解決方案、產品和系統。再者，與不同背景的人合作也有助於培養創新技能，學校招生和班級分組應考慮因素的多樣性，包括性別、種族、民族、能力、性取向和語言，促成課堂學習過程中協作關係的形成。

　　Redecker 等人（2011）在歐盟（European Commission）報告書中「做好未來學習變革準備（The Future of Learning: Preparing for Change）」一文提及，未來學習概念圖，如圖 6。

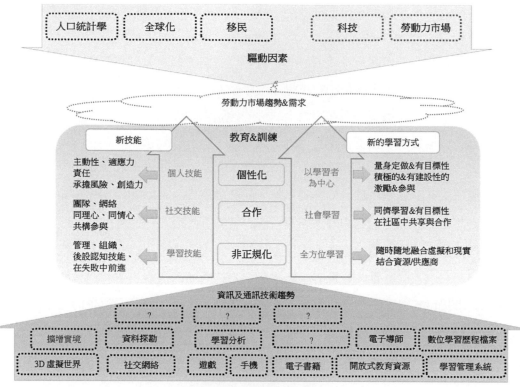

圖 6 未來學習概念圖

由圖 6 可知，總體願景是個性化、協作和非正式化（非正式學習）將成為未來學習的核心，成為組織學與教的原則。此典範學習的特點乃是經由無處不在的資訊通訊科技 （ICT），塑造全方位的終身學習。同時，由於科技的快速進步與結構變化、勞動力市場、全球化和移民與人口的驅動因素，有助於公民成為靈活應對的終身學習者，能夠主動發展他們的能力並在協作學習和工作環境中成長茁壯。

在新技能方面，快速的環境變革帶來新技能和能力，尤其是共通、橫向和跨領域技能，這將使公民能夠經由終身學習，靈活主動地應對變革並抓住機會並從中受益。解決問題、反思、創造力、批判性思維、學習如何

學習、冒險、合作和創業將成為未來歐洲社會成功生活的關鍵能力。雖然
數學、語言、科學和數字素養仍將是成功參與社會的關鍵組成部分，但公
民必須更加了解他們生活的自然和社會環境將變得越來越重要，這將導致
一方面對自然和健康的新關注，另一方面對公民能力的關注。

　　Ehlers 與 Kellermann（2019）談到「未來技能」，他們認為「未來技能」
是指「在未來未知的行動環境中成功解決複雜問題的能力」，係指個人以自
我組織與行事的傾向，其作為表現可為外界所鑑。未來技能模型將未來技
能分為三個相互關聯的維度：第一個未來技能維度是未來技能概況的主觀
維度。它與個人學習、適應和發展的主觀、個人能力有關，以增加他們有
效參與未來勞動力的機會，積極塑造未來的工作環境，並讓自己參與形成
社會以應對未來的挑戰，包含：（一）自主性、（二）主動性、（三）自我管
理、（四）需要/成就動機、（五）敏捷性、（六）自主學習能力、（七）自我
效能；第二個未來技能維度與個人在與目標、任務或特定主題相關問題的
組織行為能力有關。它強調一種新的方法，植根於當前對知識的理解，它
不是將知識與動機、價值觀和目的連結，而是以不同的方式處理知識，從
而導致專業化，包括：（八）敏捷性、（九）創造力、（十）模糊的容忍度、
（十一）數位素養、（十二）反思能力；第三個未來技能維度與個人在與其
社會環境（社會維度）、社會和組織環境有關的組織行為能力，它強調個人
在多個組織領域作為社會成員組合的雙重角色，同時具有重新思考組織空
間和重新創建組織結構，以使其成為未來重要的關鍵角色，包括：（十三）
感知、（十四）未來思維、（十五）合作技能、（十六）溝通能力。

　　Word Economic Forum（2020）提到，面對第四次工業革命—「教育 4.0」
中的高品質學習，包括八個關鍵學習內容和經驗：（一）全球公民技能：包
括建立全球、永續以及在全球社區中扮演積極的角色；（二）創新和創造力
技能：包括培養創新所需技能的內容，包括複雜問題的解決能力、分析思
維、創造力和系統分析；（三）科技技能：包括基於發展數位技能的內容，

包括程式設計、數位責任和科技的使用；（四）人際交往能力：有關人際關係、情緒智商的能力，包括同理心、合作、談判、領導力和社會意識；（五）個性化和自主學習：從學習標準化的系統轉變為基於不同學習者個人需求的系統，並且擁有彈性，使每個學習者能夠按照自己的節奏學習；（六）可取得與包容性學習：從僅限於進入學校學習系統，轉變為每個人都可以進入學習的包容性系統；（七）問題本位的協作學習：從過程導向、專案導向到問題本位，進行更密切協作，反映未來工作的需要；（八）終身學習和以學生為導向的學習：持續提高現有技能，並根據個人需求獲得新技能。

　　Jenkins 等人（2006）認為文本素養在 21 世紀全球鏈結的重要性，他列舉出學生想要談判成功所需的技能，如表 8。

表 8 談判成功所需技能

執行力	體會周圍環境作為解決問題的能力。
績效	創作和發現達成目的替代方案。
模擬	解釋和建構真實世界過程的動態模型的能力。
適時	有意義地取樣並重新混合媒介的能力。
多任務處理	能夠掃描環境並將注意力轉移到重要的細節上。
集體智慧	匯集知識並與他人比較以實現共同目標的能力。
分佈式認知	擴展心智能力進行有意義互動的能力。
判斷	評估不同資訊來源的可靠性和可信度的能力
跨媒體搜尋	能夠跨越多種模式故事和信息的交流。
網路運用	搜尋、綜合和傳播資訊的能力。
談判	能夠穿越不同的社群，辨別和尊重多元觀點，掌握和遵循替代規範。

Bates（2015）提出了一套知識世界不可缺少的技能，如表 9。

表 9 知識世界不可缺少的技能

溝通技巧	連貫而清晰的閱讀、表達和寫作以及社交媒體溝通技巧。
自主學習	確定自我需要，以及知道在哪裡可以找到這些知識。
道德與責任	建立信任（尤其是在非正式的社交網絡中），並能與他人來實現自己的目標
團隊合作和靈活性	建立協作和良好的團隊合作，分享知識，並與同事、客戶和合作夥伴進行虛擬遠距工作。
思考能力	培養知識型社會所需的批判性思維、解決問題的能力、創造力、獨創性和策略制定能力。
當學習發生時能嵌入數位技能在知識領域	知識管理—如何在特定環境中搜尋、評估、分析、應用和傳播資訊。需要採用適當的教學方法和科技。必須為學習者提供足夠的練習以達到精熟和一致性。技能應該以小步驟教授，並定期提供反饋。

OECD（2018b）針對 2030 年輕人如何駕馭他們的生活和世界，透過一群教育利益關係人共同開發了「學習架構」，顯示學習者面向 2030 應具有的能力與素養，如圖 7。

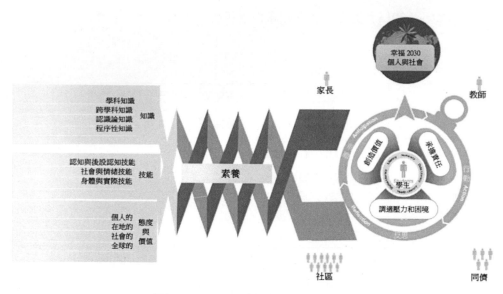

圖 7 2030 應具有的能力與素養

　　能為未來做好最充分準備的學生將會是變革的推動者,他們將為周圍的環境帶來積極的影響,且能夠了解他人的意圖、行為和感受,並對短期和長期事情的發展有更深切的體悟。圖 7 素養概念不僅僅意味著獲得知識和技能,它包含移動力、知識、技能、態度和價值觀,以滿足複雜的需求。為未來做好準備的學生,將需要廣泛和專業知識,學科知識將繼續發揮重要作用,因為它是創造新知識、跨域與跨科思考等連結的原始材料。認知知識或有關學科的知識,例如知道如何像數學家、歷史學家或科學家一樣進行思考,使學生能夠擴展他們的學科知識;程序性知識是通過理解來完成或製作的—為實現目標而採取的一系列步驟或行動。程序知識是特定領域的,也可以是跨領域轉移,旨在解決實際問題而發展,例如經由設計思維和系統思考。為確保新的學習框架具有可操作性,OECD 將變革能力和其他關鍵概念轉化為一組特定的結構(例如創造力、批判性思維、責任感、韌性、協作),以便教師和學校領導可以更好地融入他們進入課程。

Assessment and Teaching of 21st Century Skills 將學習力列為關鍵能力之一，並提出學習的關鍵技能分為四個層面：（一）思維方式（ways of thinking）：1.創新與創意；2.批判思考、問題解決和決策；3.學習力／後設認知。（二）工作方式（ways for working）：1.溝通；2.團隊合作。（三）生活方式（ways of living in the world）：1.公民素養；2.生活與生涯；3.個人與社會責任。（四）工作工具（tools for working）：1.資訊素養；2.資訊和溝通科技素養（Binkley et al., 2012）。上述十項關鍵技能，每項技能都包含知識（Knowledge）、技能（Skills）、態度（Attitudes）、價值（Values）與倫理（Ethics）成份，取每個成份的字頭，是為 KSAVE 模式（Binkley et al., 2012）。Partnership for 21st Century Learning 透過公私立部門與教育團體，共同建構 21 世紀學生須具備的四大類核心素養：（一）核心課程（語言能力、藝術、數學、經濟、科學、史地、公民等）；（二）學習與創新技能（創造力與創新、批判思考與問題解決、溝通與合作）；（三）資訊、媒體與科技能力以及（四）生活與生涯能力（彈性與適應力、自動自發與自我導向、社會與文化能力、生產力與績效、領導力與責任感）（Partnership of 21st Century Learning, 2015）。

學生需要在未知和不斷變化的環境中應用他們的知識，因此，他們需要擁有多元的技能，包括認知和後設認知技能（例如批判性思維、創造性思維、學習學習和自律）；社交和情感技能（例如同理心、自我效能和合作）；使用設備的技能（例如使用新的科技和通訊技術設備）；面對個人、地方、社會和全球層面的態度和價值觀（例如動機、信任、多元尊重和美德），雖然人類生活因來自不同文化觀點和人格特質，但人類價值觀（例如對生命和尊嚴的尊重、對環境的尊重等）都是不能妥協的。

毫無疑問，學生的本質正在改變中（Altback et al., 2009; Lai, 2011），學生想要與其個人和（或）未來生涯發展相關的教育經驗，正在影響各階段教育機構，這也體現出當前以資訊通訊科技專業為導向的課程領域越來

受歡迎之際，學校教育應如何修改現有的教育體制，迎合不同學生的教育需求，提供更具靈活與彈性的教育模式，以因應未來學習所需，實乃刻不容緩的議題。在未來學習上，我們應關注「下一種學習模式」－未來學習技能（自主學習、自我組織、應用和反映知識、創造力和創新等）將逐漸取代了對學術和有效知識獲取的減少/狹隘的關注；「多機構學習體驗」－學習將從「單一機構」模式轉變為「多機構」模式，即通過多個機構的聯盟提供更多元的學習；學生建立自己的個性化課程－學術課程的選擇元素擴大，結構轉變為更靈活、個性化和參與式的模式，在這種模式下，學生在課程的建設中積極與專家/教師/諮詢人員合作，進行自我導向學習。

華哥（2018）歸納相關教育學者主張，學校應培養學生「4C」能力，亦即批判性思考（Critical thinking）、溝通（Communication）、合作（Collaboration）和創意（Creativity）。互聯網教育中心（2017）認為，在學習目標上，首先是「人之為人」的普遍目標。它的重點不再是習得為將來從事某個職業所需要的特有知識、技能與方法，而是擁有合理的價值觀、強大的創新思維與能力，以及自主學習的能力等，這些都是真正「成人」並走向「終身學習」的基礎性、根基性前提。其次是特殊目標，它與學生的個性化需要有關，是真正的「學以為己」。滿足自己的興趣和需要的學習，形成的是個性化的知識體系，而不只是適用於所有人的標準化知識體系。Ehlers、Kellermann（2019）提出，高等教育未來學習的維度將包括（一）結構方面，即學術學習不在是當今最廣泛的單一機構模式，高等教育通過更詳細的學分轉換結構、微觀資格和微觀證書；（二）學術學習的教學設計方面的支持，即改變評估實踐、同行驗證、學習社區，關注未來技能和知識遊戲在互動社會建設性學習環境中發揮促進作用。

由上述論述可知，面對當前迎向未來學習，學習將處於無所不在的時空巡航中；學習發生在廣泛的社會經濟和歷史背景中，並受當地文化習俗和觀點的影響；學習不僅在學校產生，而且發生在整個生命週期中，日常

生活的周遭環境與有價值的實踐中；所有學習者都需要來自各種機構的教育支持，以促進個人能力的發展；應鼓勵學習者使用他們的家庭和社區資源作為擴展他們的學習資料庫的基礎，並鼓勵他們利用他們更廣泛的生活經驗來應對新的挑戰時，促進更有效的多元學習。然而，任何學習，都必須擁有適當的評量機制，僅舉 UK Assessment Reform Group 於 2009 年制定了五項學習評量原則為例，其中包括：（一）為學生提供有效的反饋；（二）學生能積極參與自己的學習；（三）針對評量結果調整教學；（四）能認知評量對學生的積極性和自尊的深刻影響，這兩者都是影響學習的關鍵；（五）學生能夠自我評量並了解如何改進（Roth, 2016）。

　　未來，最有活力的教育創新很可能發生在傳統教育之外，傳統教育也面臨一個兩難困境－如何協調教育的自下而上的發展，以及目前存在的傳統教育自上而下的層次結構；在社區方面，隨著學校與社區連結更加緊密，社區也必須創建靈活、開放和適應性強的彈性系統，並開始重建重要資源及基礎設施；除了傳統教育與社區需要進行轉化外，在學術領域方面，神經科學亦正在創造新的表現和認知概念，並且重塑學習中社會正義的討論。上述這些力量，共同推動未來學習的生態系統，以及教育機構在未來學習扮演的角色。

　　新的學習模式上，隨著終身學習和全方位學習成為未來的中心學習典範，學習策略和教學方法將發生巨大變革。隨著資訊通訊科技的發展，個性化學習和個人指導將成為趨勢，教師（培訓師）需要接受培訓，以利用可用資源和工具來支持量身定制的學習途徑和體驗，這些途徑和體驗既具有激勵性又具有吸引力，但同時也是高效、相關和具有挑戰性。隨著教學方法的變化，評量策略和課程也需要改變，最重要的是，傳統的教育與培訓機構－學校和大學、職業和成人培訓提供者，需要在新興的學習環境中重新定位。他們需要嘗試新的學習、教學方式與策略，以便在未來提供相關、有效和高品質的學習體驗。特別是，他們需要更靈活地應對個別學習

者的需求和不斷變化的勞動力市場需求。

　　未來學生應具備的能力與素養更加多元，知識、技能、態度與價值缺一不可，其中在知識方面諸如學科知識、跨學科知識、程序性知識等；技能方面包括個人技能、社交技能、學習技能與人際技能等；態度方面則包括個人的、在地的、社會的與全球的。在知識、態度與技能的成長上必須結合社會、經濟文化與全球化進程等思維，方能習得具備未來生活與學習的能力。

第八章　迎向未來

　　未來不是枯坐、等待未來的到來；而是從現在起必須迎向未來、想像未來、規劃未來、實踐未來，因為未來已經從現在發生。未來是不可規避的驅力，我們深信，能為未來做最好準備的學生，將成為未來變革的推動者，他們將對他們周圍的環境產生積極的影響，了解他人的意圖、行動和感受，並能為他們所做的事情，預期短暫和長期的後果，進而影響整個未來世界。

　　未來正迎接著我們的到來，唯有做好積極、有效的準備，方能引領風騷數百年。從前面七章的探究、論述、歸納與統整，筆者認為面對未來，應朝以下方向進行策略性規劃：（一）前瞻政策的規劃與推動；（二）完善資訊基礎設施、提升教育品質；（三）強化知識、能力與市場的鏈結；（四）迎接智慧校園的誕生；（五）兼具科技與人性的教育，茲分別說明如下：

一、前瞻政策的規劃與推動

　　在全球化加速的推動下，我們正面臨前所未有的社會、經濟和環境挑戰以及更快速科技發展的挑戰，與此同時，這些變革的力量，也正在為人類提供無數進步的機會。未來是不確定的，我們無法預測，但我們需要以積極、開放的態度來為未來做好準備。今天入學的孩子到 2030 年將是年輕人，學校必須為學生面對未來科技發展與創新等不確定的因素，培養好奇

心、想像力、適應力和自我調節、尊重和欣賞他人、應對失敗與拒絕,並能在逆境中前進等能力與素養,以因應未來生活與學習發展做準備。

從政策面的推動與學術研究的角度切入,未來是可以去發想的,而這個發想應源於過往經驗與實踐的整合與辨識,集結不同的組織與機構,在現代社會與教育的基礎上,由發想走向創新,由創新去抉擇未來,在抉擇的過程中,必須進行有意義的價值判斷,方能進行正確的選擇,透過正選擇,逐步改變現在以迎向未來,教育的發展過程亦當如此,因此,未來是可以預見來加以實現的。

就政府政策而言,資訊融入創新教學是國內外教育政策推動的共同趨勢,資訊科技融入學校教育是一股無法避免的改革驅力,處於知識經濟、資訊社會的國度,迎向此一全球教育改革的潮流,迎接教育革新的挑戰,讓教育的革新帶動國家與公民整體競爭力的提升。因此教育主管單位除倡導「國中小行動學習推動計畫」等政策外,更應積極迎向未來教育發展趨勢,妥適規劃智慧學校,讓科技已進入校園,在校園中完整資訊通訊科技的統整與專業的實踐,並據以培養資訊科技能力進而轉型課堂中的教學與學習,將資訊通訊科技融入學校教育,逐步豐富校園的教學與學習經驗;而「2030 雙語國家政策發展藍圖」的提出亦是一種前瞻性的規劃,賦予國家政策未來推動方向。

在國際間,各種前瞻性願景的政策規劃與推動亦蓬勃發展,諸如聯合國推出「永續發展目標」、聯合國教科文組織推動「為未來而學習」、歐盟提出「做好未來學習變革準備」、世界銀行提出未來須具備的「四項關鍵能力」、經濟合作與發展組織提出 2030「學習架構」等,都是為全球與區域發展做好未來準備,引導世界潮流。

二、優化資訊基礎設施、提升教育品質

　　完善的網路科技設施是未來的教育的基本配備，各級學校必須擁有完善的數位教育環境系統，協助每個孩子獲得良好的教育，進一步改善教育機會均等與公平的落差，落實教育的公平、正義與包容，以及以監測和評估學生的進步以及學校教育中教學策略的影響；開發和實施「研究與發展」的學校模組，滿足學生的學習語需求；制定並實施績效責任，增強績效指標和數據以協助學校追求學習和成長；重視教師品質及建立優質師資養成架構；重視證據本位的研究；設計和運用數據技術來提供和監控學生個性化學習計劃，並支持跨域的教育訪問與學習。

　　網路科技工具的使用已在各教育階段中廣泛使用，這些工具提供了各式各樣的教學方式，但教學成效的關鍵在於教學法而非使用科技的技術，教學者應知道為什麼以及如何在教學實踐中有效地使用科技技術，來提升教學效能以及學生學習成效。資訊通訊科技從根本上改變了學生的教育體驗，然而，它主要用於支持現有的、過去的學習方法，而新的教學理念和方法在很大程度上仍被忽視，因此，紮根教育、善用科技，豐富教學與學習，培育現在與未來社會所需人才，是迎向教育未來的重要工作。

　　科技的進步加速教育的腳步，科技與教育的結合發展出智慧教育的軌跡，牽引智慧學校的來臨，也帶來另一波的教育革新。在政府政策方面最具象徵性的即是 2014 年經濟當局推動「智慧校園新興產業」，藉由「雲端產學聯盟」 進行「產學合作方案」，擴展學校團隊與科技產業形成合作社群，將產業 4.0 連結教育 4.0，展現「創新思維、協同創作」的教育資產，追求創建智慧學校的國際品牌。

　　資訊科技為教育作為提供另類的路徑，網際網路的覆蓋率為學校教育

的教與學提供多元的教學模式與學習管道，豐富整體教育內涵，而值此科技領航融入教育的時代，如何提升教育品質是在資訊科技發展下必須思索的議題。

三、強化知識、能力與市場的鏈結

過去的二十多年見證了跨領域的知識變革，先是資訊通續科技（ICT）和互聯網帶來的變革，其次在整個經濟中整合大數據技術和社會，自動化和人工智能逐步進入和改變勞動力市場。教育在人力資本形成中逐漸產生作用，滿足社會需求而建立的結構、機構和機制。教育的發展無法與社會脫離，教育應該在社會發展中扮演更積極的角色，甚至於型塑新的社會。學校應該了解社會上正在發生的事情，教導學生對不斷變化的社會做出反應，而不僅僅是預定課程傳授，應該協助學生發展後設認知的技能、自我調節機制的方式，以及塑造自己的思維和學習過程。當學生學習後設認知技能、如何觀察、分析和創造時，他們會意識到他們不僅是知識與技能的複製者，同時也具有生產者的功能，甚至於能以非常具體和明顯的方式為社會的短期和長期發展做出貢獻。

科技將對現有產業產生明顯的影響，創造許多新行業，而許多工作也因科技的誕生面臨挑戰的風險，因此，學校應該接受使用科技來證明學生的就業和學習的未來能相結合。在進入物聯網、大數據時代的社會環境，知識、技能、學習和學校教育正在重新定義，知識的價值越來越大，個人的能力與關鍵技能也面臨著加速改變和重新定義。

資訊科技與綿密的網際網路已為知識、技能的取得，以及全球就業市場產生積極性的變革，除了既有的學科知識外，上述對於知識、學習力與核心能力的界定，諸如「關鍵知識與技能的取得」、「邏輯思維的運作」、「態

138

度、情感與價值的涵養」、「自動自發與自我導向的學習」等能力與素養，都將是未來教育的重要學習內涵，而對於未來學習能力的養成也將緊扣全球人力市場結構，產生密集的鏈結關係。

　　全球市場動盪不羈，教育因應全球市場的變化，組織內部必須進行有效的調整與轉型，透過不同的教學模組與網際網路的多元學習管道；強化「單一領域」與「跨域整合」的知識體系；鏈結學校、社區、社會、國家與跨國之教育夥伴關係；，培養學生具備與時俱進的知識、能力與態度，成為優質的全球公民。

四、迎接智慧校園的誕生

　　揆諸當前學校教育發展，跨技術導向的領域，例如編碼、線上學習、混合學習服務，以及開放式教育資源和大量的公開課程，都將在正規教育環境之外實施，且其速度將遠遠超越正規教育體制。智慧學校是未來教育趨勢，它著重使用高科技媒體來統整學習態度與學習教材，而教學軟體的使用應在實現學生的不同需要與能力，因此應廣泛取得不同的學習教材，不再只限於學校內部資源，除了圖書館、企業、家庭、政府部門還包括教育網路、網際網路與印刷品、目錄等。

　　就學習觀點而言，今天的教育趨勢正在塑造明天的市場需要，未來的工作場域將要求能夠勝任更廣泛且可轉移性的技能，這些技能包括解決問題、批判性思維、創造力和溝通技巧。因此，「未來教育」將改變我們的學習方式，改變學生在學習過程的角色，由「變動學習」轉為「參與學習」、「自主學習」，學習者「懂得如何去做」，能理解學習必須主動、自發，可以由自己主導的做中學，如時下常提及的「專案導向學習」等。智慧教室是當前與未來課堂教學的發展趨勢，課堂除了互動電子白板之外，大螢幕

的電視牆、實物提示機、IRS 即時反饋系統、平板電腦等完善的資訊科技設備，教師可以彈性選擇、操控課堂需要的教學內容，並進行有效評量。可預知的未來，智慧螢幕取代傳統代黑板，智慧課桌成為未來需求，教師可以隨時插入並控制螢幕與課桌，充分掌控學生學習情形。這些物聯網的平板提供了與智慧型手機相同的線上資源，並實現如同「課堂教學」。這樣的課堂，是線下實體課堂與線上虛擬課堂的穿梭轉換，賦予學生時時可學習、處處可學習的學習環境。學生亦可在線上通過網路社群、創客空間與智能機器人進行個性化的自主學習，在線下則進行實體分享、交流、討論、練習、創造等活動。

再就教師的角色來看，大數據的學習分析技術將成為推動教育深層變革的主要動力，未來教師必須改變心智模式，運用資訊科技工具強化同儕與跨域教學交流；交流和討論教學實務經驗；識別和解決教學中的共同問題；識別和解決個別問題。此外，教師可以利用新的科技技術測量學生的認知特點和學習特徵，評估學生的優勢潛能和最佳學習方式，設計個性化的學習方案，探索不同條件下的學生進行差異化教學策略，因材施教、因能施教，促進資訊技術與教學的深度融合，幫助學生實現全面而有個性的發展。此外，網際網路帶動教師智慧教學與智慧學習，並引導學生進行智慧學習與自主學習，因此，傳統對於教師角色的定義也將跟隨教育 4.0 資訊科技的到來，走向「智慧教師＋智慧學習者＋智慧教學者＋智慧輔導教師」的全新定義，此外，也將因第三方策略聯盟形成更扎實的師資資源網絡，面對此教師角色的重大變革，勢將形成未來教師角色的重構與挑戰。

由上可知，數位科技與教育的結合，為學校教育環境帶來了變革，營造智慧校園。未來的智慧校園將運用雲端教學、網際網路技術，牽引學校教師、學生和行政人員，藉由校園資源交互整合，將學校的課程、教學、行政管理、學習系統與校園資源，進行系統整合，以提升學校辦學的明確度、學習度和靈活性，從而實現智慧化服務和管理的校園模式。其主要特

性涵蓋環境全面連結、網絡暢通無阻、大數據量化支撐、開放學習環境和師生個性服務，無論在學校行政、教師教學與課程設計、學生學習等都與數位科技產生密切的連結。智慧學校的建構是學校面對未來教育必須積極面對的課題，必須積極籌畫，提早因應。

五、兼具科技與人性的教育

「科技化的工具、人性化的教育」。科技在未來將扮演促動教育目的實現的工具，AR/VR 技術提供學習者體驗學習；教育雲讓學習跨越時空界限，教育資源得以充分利用，減少城鄉、區域、國與國之間的教育資源不均衡，使所有學生都能享有公平教育的權利；大數據分析用以判斷並改善學生的水平；人工智慧讓訊息的取得更加容易，提供學習者進行自主學習。然而，儘管人工智慧在未來會成為教學與學習的主流，然「教育的本體」是始終存在的，因此「人文主義的教育」更顯得重要，其中之一即是師生關係不會消失，師生關係意謂有「師」就有「生」，就存在著教育，「教學相長」的理念將更落實在教師的「教」與學生的「學」，師生同時存在著教學者與學習者的角色，讓教學相長更加地落實；其次是「教育的本質」是不變的，育人為善，全人教育的方針，將更顯重要；最後，未來很可能是每個人教育每個人的時代，因此每個人都需要終身學習。

「未來教育」雖奠基於資訊基礎建設，但教育「以人為本」的核心價值未曾改變，仍是植基於全人教育的理念，此種教育思維的突破，包括對「學習觀念」、「學習內容」、「學習方式」與「教學方法」的重新詮釋，意即教學人員必須擁有嶄新的教學思維與權變，應該從「工作願意」，提升為「熱情追求」。相對的，未來教育的推動，政府在法規與政策上必須隨之調整修正，給予教育人員更多的教學自主與支持、建立激勵誘因、並予以適

時的支援與協助，以重新創造一套新的學校教育機制。

　　未來代表著真正的責任和結果，這些責任和結果來自於我們已經生活的世界，來自於正在出現的社會、技術、人口和經濟發展，以及我們對這些問題的期望和假設。它是我們相信自己能夠建造的世界，未來不是對我們做出的事情，而是一個我們可以持續參與與發展的過程。無論是作為個人，還是教育工作者、研究人員或政策制定者，未來都是我們必須面對的議題；作為機構和文化，亦面對著未來，並積極地塑造實踐和社會結構，對藝術、建築、政治科學、宗教和哲學在歷史上提供了對未來的不同願景，已成為人類活動的警醒和引領的燈塔。

參考書目

一、中文部分

天下雜誌（2015a）。芬蘭發動課程改革培養孩子7種「橫向能力」。
https://www.cw.com.tw/article/5068473

天下雜誌（2015b）。我們的孩子夠強嗎？
https://www.cw.com.tw/article/5072671

天下雜誌（2015c）。21世紀老師的13個角色。
http://www.cw.com.tw/article/article.action?id=5072499#sthash.1TJgPG7
E.dpuf

中小學信息技術教育（2018）。人工智慧時代，教師如何轉變角色。
https://read01.com/dEmmdEO.html#.X7suiM0zY2w

中國教育信息化在線（2016）。未來學校、未來教室、未來教師會是怎樣
的？下一個五年你如何應對？
https://read01.com/ELnDaB.html#.X7ssI80zY2w

中國教育新聞網（2016）。美國如何培養「21世紀技能」。
https://kknews.cc/zh-tw/education/o54lb6.html

互聯網教育中心（2017）。在人工智慧時代：教育的「變與不變」。
https://read01.com/ggyM570.html#.X7srQc0zY2w

王沛清、施信華（2014）。論校園數位化發展。**臺灣教育評論月刊，3**（2），
　　89-95。

司徒達賢（2011）。**多元知識的整合**。https://www.cw.com.tw/article/5010281

江瑞菁（2011）。自我決定數位學習環境的環境要素之初探。**人文暨社會
　　科學期刊，7**（2），67-75。

江俊儀（2021）。淺談國中跨域課程之發展。**臺灣教育評論月刊，10**（3），
　　153-158。

宋東（2006）。**微軟揮灑「未來學校」藍圖**。
　　http://ad.cw.com.tw/cw/2006kids/content05.asp

肖遠騎（2017）。**來學校，網際網路+教師群體將會崛起！**
　　https://read01.com/dmdKmB.html#.X7stHM0zY2w

沈祖芸、張懷浩（2016）。**美國教育研究協會100年：哪些教育問題正引發
　　全球關注**。https://kknews.cc/education/q6pyo.html

李德財（2008）。數位典藏與數位學習國家型科技計畫。**中央研究院週報，
　　1194**，1-3。

李勇輝（2017）。學習動機、學習策略與學習成效關係之研究-以數位學習
　　為例。**經營管理學刊，14**，68-86。

吳清山、林天祐（2010）。**教育e辭書（2版）**。高等教育。

吳玫瑩、莊涵芬（2015）。台灣便利商店員工使用數位學習平台的學習成
　　效之研究。**數據分析，10**（6），27-49。

林志成（2018）。素養導向特色學校發展之實踐與建議。**學校行政雙月刊，
　　118**，111-125。

林心慈、陳淑美（2018）。淺談雲端學習對教育的影響。**東海教育評論，
　　13**，29-38。

周玉秀、尤筱瑄（2018）。體驗一場奧地利學生自主學習的教學。**臺灣教

育評論月刊，**7**（8），75-78。

周林莉（2021）。**美國教育研究報告：數位學習創新的10個趨勢**。
　　https://reurl.cc/En95yv

吳耀明（2010）。未來學校理想教育發展趨勢：以焦點訪談分析為例之建
　　構。**臺中教育大學學報：教育類，24**（2），1-21。

吳美美（2004）。數位學習現況與未來發展。**圖書館學與資訊科學，30**，
　　92-106。

財團法人資訊工業策進會（2011）。**國內外數位學習產業現狀與產值調查
　　分析報告**。經濟部工業局。

財團法人台灣網路資訊中心（2020）。**2020台灣網路報告**。財團法人台灣
　　網路資訊中心。

施又瑀（2018）。校長社會正義領導的理論與實踐：以臺灣中部一所小學
　　為例。**臺灣教育社會學研究，**18（2），89〜134。

施喻琁、施又瑀（2020）。校長科技領導的現況與未來。**臺灣教育評論月
　　刊，**9（7），46-53

康新貴（2009）。**是公平與正義？還是效率優先？兼顧公平？**
　　http://big5.China-labour.org.hk/chi/node/79347

黃孟元、黃嘉勝（1999）。遠距教育的定義、演進及其理論基礎分析。**視
　　聽教育雙月刊，40**（4），8-18。

陳以亨、李芸蘋、林思吟（2012）。未來想像與未來教育。**創造學刊，3**
　　（1），5-18。

陳俊宏（2016）。平等或適足？兩種教育正義觀的比較。**人文及社會科學
　　集刊，28**（3），1-36。

陳東園（2016）。新媒體環境下教育4.0經營策略的研究。**空大人文學
　　報，25**，1-36。

陳詠璇（2018）。華語同步遠距課程互動設計－以中級華語學習者為教學

示例。**華文世界，122**，127-138。

陳映璇（2021）。**未來教育大變革？線上教學席捲全球，大學校時代來了！** https://www.bnext.com.tw/article/60780/education-university-global-generation-december

陳韻涵（2021）。**2021教育趨勢突破時地學習更有趣。** https://eteacher.edu.tw/ReadNews.aspx?id=4448

陳儒晰（2013）。數位落差與數位機會對幼兒資訊教學活動的影響。**臺灣教育社會學研究，13**（1），79－116。

郭伯臣（2020）。校園防疫與中小學數位學習之現況與未來。**國土及公共治理季刊，8**（4），72-79。

郭涵（2017）。**迎接走向未來的學校教育轉型。** 取自 https://read01.com/nxaPB5e.html#.X7su4s0zY2w

教育部（2003）。**國民中小學九年一貫課程綱要總綱。** 教育部。

教育部（2009）。**未來想像與創意人才培育中程計畫書。** 教育部顧問室。

教育部（2013）。**迎接數位化學習時代—教育 部規劃全面性的數位學習推動計畫。** https://depart.moe.edu.tw/ED2700/News_Content.aspx?n=727087A8A1328DEE&sms=49589CE1E2730CC8&s=55E055B6B 74E779F

教育部（2017）。**「學生為主體教育創新機」系列之一跨域學習多元創新。** https://www.edu.tw/News_Content.aspx?n=9E7AC85F1954DDA8&s=B3B2111F6204033B

教育部（2018）。**教育部「資訊科技融入教學創新應用團隊」暨「行動學習優良學校及傑出教師」頒獎典禮。** https://www.edu.tw/News_Content.aspx?n=9E7AC85F1954DDA8&s=F9B2C6846F3B4351

國家發展委員會（2019）。**108年持有手機民眾數位機會調查報告**。國家
　　發展委員會。

華哥（2018）。**2050年的教育將會有哪些不同？**
　　https://news.mbalib.com/story/243476

莊淇銘（2008）。教育經營與未來學校。**教育研究月刊，165**，29-39。

張奕華（2010）。**學校科技領導與管理理論與實務**。高等教育。

張奕華、吳怡佳（2011）。科技領導、知識管理與學校效能結構關係之驗
　　證。**教育行政與評鑑學刊，11**，1-28。

張奕華、劉文章（2012）。教育正義的實踐觀點與個案分析。**教育資料與
　　研究，106**，1-22。

張世忠（2003）。從建構取向觀點探討一門非同步教學課程之行動研究。
　　中原學報，31（4），391-402。

湯志民（2008）。未來學校的展望。**教育研究月刊，165**，13-21。

賓靜蓀（2013）。**直擊美國數位教育浪潮—最自由也最焦慮的時代。**
　　https://www.parenting.com.tw/article/5049498-/

詹志禹、陳玉樺（2011）。發揮想像力共創台灣未來—教育系統能扮演的
　　角色。**教育資料與研究雙月刊，100**，23-52。

葉建宏、葉貞妮（2020）。COVID-19疫情下的遠距教育教學策略探討。
　　臺灣教育評論月刊，9（11），145-149。

葉建宏（2019）。遠距教育 2030：學分銀行制度建構。載於翁福元、陳易
　　芬（主編），**臺灣教育2030**（頁49-57）。五南。

楊國賜（2011）。未來社會的學習。**銘傳教育電子期刊，3**，1-12。

楊國賜（2014）。終身學習的新思維與新方向。**台灣教育，689**，2-7。

遠見雜誌（2018）。**未來教育－臺灣100：用教育培養合作和思考等能
　　力**。https://www.gvm.com.tw/article/43200

遠見天下文化教育基金會（2021）。**跨時空、跨領域、跨社會－跳出傳統**

教育框架，尋找台灣C學校。https://tw100-2021.cwgv.org.tw/contents/about_100_1

潘正安（2008）。未來學校的起點—臺北市立中崙高中。**教育研究月刊，165**，22-28。

蔡金田（2009）。形塑未來的教育領導者。**教育學術彙刊，2**（2），15-37。

蔡金田（2012）。國民中學教育公平指標建構之研究。**教育政策論壇，15**（3），167-203。

蔡金田（2018）。**智慧學校**。元華文創。

蔡金田（2020）。**組織變革**。元華文創。

鄭英耀（2008）。未來學校在高雄。**教育研究月刊，165**，5-12。

鄭琪芳（2018）。**機器人搶工作，2030年8億勞工丟飯碗**。http://news.ltn.com.tw/news/weeklybiz/paper/1174559

親子天下（2018）。**科技翻轉中國教育**。https://reurl.cc/a9odWl

親子天下（2020）。**探索在地、跨域學習，讓孩子成為世界的人才。**https://futureparenting.cwgv.com.tw/family/content/index/19822

謝傳崇、蕭文智（2013）。國民小學校長科技領導與學生學習表現關係之研究：以學校ICT運用為中介變項。**教育理論與實踐學刊，27**，291-324。

二、英文部分

Adam, A., & Kreps, D. (2009). Disability and discourses of web accessibility. *Information Communication & Society, 12*(7), 1041-1058.

Adams, B., & Groves, C. (2007). *Future matters: Action, knowledge, ethics.*

Brill.

Ala-Mutka, K., Redecker, C., Punie, Y., Ferrari, A., Cachia, R., & Centeno, C. (2010). *The future of learning: European teachers' visions. JRC scientific and technical reports. Luxembourg, publications office of the european union.* http://ftp.jrc.es/ EURdoc/JRC59775_TN.pdf.

Altback, P.G., Reisberg, L., & Rumbley, L.E., (2009). *Trends in global higher education: tracking an academic revolution.* UNESCO.

Altinay, F., Dagli, D., & Altinay, Z. (2016). *The role of informationtechnology in becoming learning organization.* Paper presented at 12th International Conference on Application of Fuzzy Systems and SoftComputing, Vienna, Austria.

American Federation of Teachers, AFT. (2000). *Distance education: Guidelines for good practice.* Retrieved from http://www.aft.org/pubs-reports/index.html

Andrews, T., & Tynan, B. (2011). *Changing student learning preferences: What does this mean for the future of universities?* Paper presented at ASCILITE 2011 - The Australasian Society for Computers in Learning in Tertiary Education.

Attwell, G. (2007). *Personal learning environments - The future of eLearning?* E-Learning Papers 2.

Baker, T., Smith, L., & Anissa, N. (2019). *Educ-AI-tion rebooted? Exploring the future of artificial intelligence in schools and colleges.* Retrieved from https://www.nesta.org.uk/report/education-rebooted/

Barack, L. (2014). *Higher education in the 21st century: meeting real-world demands. An economist intelligence unit research program, academic partnerships.* Retrieved from

http://www.economistinsights.com/sites/default/files/EIU_AcademicPartn
s_WEBr1.pdf

Barber, M., Donnelly, K., & Rizve, S. (2013). *An avalanche is coming: higher education and the revolution ahead*. Retrieved from http://med.stanford.edu/smili/support/FINAL%20Avalanche%20Paper%20110313%20(2).pdf

Barbera, E. (2004). Quality in virtual education environments. *British Journal oEducational Technology, 35*, 1, 13-20.

Barhate, S. M. & Narale, S. (2015). Cloud based teaching and learning environment for smart education. *International Journal on Recent and Innovation Trends in Computing and Communication, 3*(2), 38-41.

Barrett, A., & Besson, J. (2002). *Developing business leaders for 2010*. The Cofference Board.

Bates, A.W. (2015) *Teaching in a digital age. BC Open Textbook*. Retrieved from http://opentextbc.ca/teachinginadigitalage/

Becker, G. S. (1975). *Human Capital: A Theoretical and Empirical Analysis, with Special Reference to Education*. Midway Reprint

Becker, G. S. (1995). *Human capital and poverty alleviation*. The World Bank.

BEED (2019).「學校2030」、「教育2050」，未來的教育到底有著怎樣的圖景？Retrieved from http://read01.com/OAzPM8z.html

Beijaard, D., Meijer, P.C. & Verloop, N. (2004). Reconsidering research on teachers' professional identity. *Teaching and Teacher Education, 20*, 107–28.

Benadusi, L. (2001). Equity and education: A critical review of sociological research and thought. In W. Hutmacher, D. Cochrance, & N. Bottani (Eds.), *In pursue of equity in education: Using international indicators to compare equity policies* (pp. 25-64). Kluwer academic publishers.

Binkley, M., Erstad, O., Hermna, J., Raizen, S., Ripley, M., Miller-Ricci, M., & Rumble, M. (2012). Defining Twenty-First Century Skills. In Griffin, P., Care, E., & McGaw, B. (Eds.), *Assessment and Teaching of 21st Century Skills.* Springer.

Black (2013). *The future of 3D education.* Retrieved from http://mb.cision.com/Public/8227/9478258/b567878833acc4ce.pdf

Braun, A., März, A., Mertens, F. & Nisser, A. (2020). *Rethinking education in the digital age*. Retrieved from https://www.europarl.europa.eu/RegData/etudes/STUD/2020/641528/EPRS_STU(2020)641528_EN.pdf

Broome, G. H., & Hughes, R. L. (2004). Leadership development: Past, present, and future. *Human Resource Planning, 27*, 24-32.

Brown, B., & Jacobsen, M. (2016). Principals' technology leadership: How a conceptual framework shaped a mixed methods study. *Journal of School Leadership, 26* (5), 811-836.

Bullot, A., Cave, L., Fildes, J., Hall, S. and Plummer, J. (2017). *Mission Australia's 2017 Youth Survey Report.* Retrieved from https://www.education.act.gov.au/__data/assets/pdf_file/0010/1274347/Future-Of-Education-Research-Report_FINAL.pdf

Canole, G., & Alevizou (2010). *A literature review of the use of Web 2.0 tools in Higher Education*. Retrieved from https://www.heacademy.ac.uk/sites/default/files/Conole_Alevizou_2010.pdf

Carneiro, R. (2007). The big picture: Understanding learning and meta-learning challenges. *European Journal of Education, 42*(2), 151-172.

151

https://doi.org/10.1111/j.1465-3435. 2007.00303.x/

Cavanaugh, C. (1999). *The effectiveness of interac-tive distance education technologies in K-12 learn-ing: A meta-analysis Proceeding of American Edu-cation Research.* Association Annual Meeting, Montreal, Canada.

Cedefop. (2019). *Preventing low skills through lifelong learning.* https://doi.org/10.2801/285942

Clark, R. C., & Mayer, R. E. (2007). *E-learning and the science of instruction: Proven guidelines for consumers and designers of multimedia learning (2nd ed.).* John Wiley & Sons.

Committee for Economic Development of Australia, CEDA (2015). *Australia's future workforce?* Retrieved from http://adminpanel.ceda.com.au/FOLDERS/Service/Files/Documents/2679 2~Futureworkforce_June2015.pdf

Committee for Economic Development of Australia, CEDA (2018). *More than five million Aussie jobs gone in 10 to 15 years, Media Release.* Retrieved from https://www.ceda.com.au/News-and-analysis/Media-releases/More-than-five-million

Connor, N. (2018). *Chinese school uses facial recognition to monitor student attention in class.* Retrieved from https://www.telegraph.co.uk/news/2018/05/17/chinese-school-uses-facial-recognition-monitor-student-attention/

Conrads, J., Rasmussen, M., Winters, N., Geniet, A., & Langer, L. (2017). *Digital education policies in Europe and beyond: Key design principles for more effective policies.* European Commission. https://doi.org/10.2760/462941

Costin, C., & Coutinho, A. M. J. (2017). *T bridging the education-workforce divide: strategies to meet ever changing needs and mitigate future inequalities.* Retrieved from http://www.fundacionsantillana.com/PDFs/Libro_T20_ingles_Web.pdf

Creighton, T. (2003). *The principal as technology leadership.* Thousand Oaks, CA:Sage.

Dabbagh, N. (2005). Pedagogical models for E-Learning: A theory-based design framework. *International Journal of Technology in Teaching and Learning, 1*(1), 25-44.

Darling-Hammond, L., Hyler, M. E., & Gardner, M. (2017). *Effective teacher professional development.* Learning Policy Institute.

Davidson, C, N. & Goldberg, D, T. (2009). *The future of learning institutions in a ddigital age.* Massachusetts Institute of Technology Press.

Dawson, C., & Rakes, G. (2003). The influence of principals' technology training on the integration of technology into schools. *Journal of Research on Technology in Education, 36* (1), 29-49.

Deloitte, & Ipsos. (2019). *2nd Survey of Schools: ICT in education (Objective 1 - Benchmark progress in ICT in schools).* European Commission.

DeStefano, D., & LeFevre, J. A. (2007). Cognitive load in hypertext reading: A review. *Computers in Human Behavior, 23*(3), 1616-1641.

Dianne, L.Y. (2000). Images of school principals' information and communications technology leadership. journal of information *Technology for Teacher Education, 9*(3), 200-210.

Donaldson, G. (2010). *Teaching Scotland's future. Report of a review of teacher education in Scotland.* Edinburgh: Scottish Government.

Dooley, K. E. & Lindner, J. R. (2002). Competency-base behavioral anchors as authentication tools to document distance education competencies.

Journal of Agricultural Educatipn, 43(1), 24-34.

Drucker, P. F. (2002). 下一個社會（劉真如譯）商周。（原著出版於1994年）

Earner, A. (2010). Language teaching across the digital divide. *Technology Enhanced Learning: Quality of Teaching and Educational Reform, 73*, 36-41.

Eaton, J. (2001). *Accreditation*. Retrieved from http://www. chea.org/About/Accreditation.html

Education Technology Action Group (2014). *Education Technology Action Group – Our Reflections*. Association for Learning Technology

Ehlers, Ulf. -D., Kellermann, Sarah A. (2019). *Future skills - The future of learning and higher education*. Karlsruhe

Ericsson, A.B. (2012). *Learning and education in the networked society*. Stockholm, Ericsson AB.

Ernst & Young (2012). *University of the future: A thousand year industry on the cusp of profound change*. Ernst & Young.

European Commission (1995). *Teaching and learning: Towards the learning society*. European Commission press.

European Commission (2006). *Key competences for lifelong learning*. Retrieved from http://europa.eu/legislation_summaries/education_training_youth/lifelong_learning/c11090_en.htm.

European Commission (2015). *The knowledge future: Intelligent policy choices for Europe 2050-a report to the european commission*. Retrieved from https://reurl.cc/eEe87R

European Commission. (2017). *Communication from the commission to the*

European parliament, the council, the European economic and social committee and the committee of the regions - school development and excellent teaching for a great start in life. Retrieved from https://eur-lex.europa.eu/legal-content/EN/TXT/?uri=COM %3A2017 %3A248 %3AFIN

European Schoolnet. (2013). *Survey of schools: ICT in education. Benchmarking access, use and attitudes to technology in Europe's schools (Final Report)*. European Commission.

Facer, K. & Sandford, R. (2010). The next 25 years? Future scenarios and future directions for education and technology. *Journal of Computer Assisted Learning, 26,* 74-93.

Facer, K. (2009). *Beyond current horizons, final report. bristol: Future lab.* Retrieved from http:// www.beyondcurrenthorizons.org.uk/outcomes/reports/fi nal-report-2009/

Ferguson, R., Brasher, A., Clow, D., Cooper, A., Hillaire, G., Mittelmeier, J., Rienties, B., Ullmann, T., & Vuorikari, R. (2016). *Research evidence on the use of learning analytics: Implications for education policy.* http://dx.doi.org/10.2791/955210

Filed, M. (2006). *Leadership of the future*. Retrieved from http://www.leadership501.com/leadership-of-the-future/19/

Fisch, K. (2000). *Shift Happens*. Retrieve from http ://shifthappens.wikispaces.com/ – original

Fraillon, J., Ainley, J., Schulz, W., Friedman, T., & Duckworth, D. (2019). *Preparing for a life in a digital world - IEA International computer and information literacy study*. International Association for the Evaluation of Educational Achievement.

Fraser, J. (2014). *Bashkortostan: Smart school work for the future.* Retrieved from http://unesdoc.unesco.org/images/0023/002303/230362E.pdf

Frey, T. (2007). *The future of education: a study of future trends and predictions.* Retrieved from http:www.iiz-dvv.de/ index.php?article_id= 1484& clang=1

Gallagher, S., & Garrett, G. (2013). *Disruptive education: Technology enabled universities.* NSW Government.

Gijsbers, G. & van Schoonhoven, B. (2012). *The future of learning: a foresight study on new ways to learn new skills for future jobs.* Retrieved from https://www.foresight-platform.eu/wp-content/uploads/2012/08/EFP-Brief-No.-222_Future-of-Learning.pdf

Glasby, P. (2015). *Future trends in teaching and learning.* Retrieved from https://itali.uq.edu.au/files/1267/Discussion-paper Future_trends_in_teaching_and_learning.pdf

Goksel, N., & Bozkurt, A. (2019). Artificial intelligence in education: Current insights and future perspectives. In S. Sisman-Ugur & G. Kurubacak (Eds.), *Handbook of Research on Learning in the Age of Transhumanism* (pp. 224–236). IGI Global.

Goldsmith, M. (2005). *The global leader of the future: New competencies for a new era.* Retrieved from http://www.leader-values.com/Content/detail.asp?ContentDetailID=937

Gonzalez, J., Cueto, S., Cardini, A., & Flores, B. (2018). *Financing quality and equitable education in LATAM.* Retrieved from http://www.fundacionsantillana.com/PDFs/Libro_T20_ingles_Web.pdf

Grunwald Associates. (2000). *Children, families and the internet.* Grunwald Associates

Halford, S., & Savage, M. (2010). Reconceptualizing digital social inequality. *Information Communication & Society, 13*(7), 937-955.

Harris, J., Spina, N., Ehrich, L. and Smeed, D. (2013). *Literature review: Student-centred schools make the difference.* Australian Institute for Teaching and School Leadership, Melbourne.

Heckman, J. J. (2008). Schools, Skills, and Synapses. *Economic Inquiry, 46*(3), 289–324.

Helmer, J. (2017). *A pair of key trends for this year learning.* Retrieved from http://www.smart-edu.com/moocs-and-oa.html

Hicks, D. (2003). A future perspective: Lessons from the school room. *Journal of Futures Studies, 7*(3), 55-64.

Hofer, B. (2004). Epistemology understanding as a metacognitive process: Thinking aloud during online searching. *Educational Psychology, 39*(1), 43-55.

Hofer, B., & Pintrich, P. R. (2002). *Personal epistemology: The psychology of beliefs about knowledge and knowing.* Mahwah, NJ: Lawrence Erlbaum.

Huffaker, D. A., & Calvert, S. L. (2003). The new science of learning: Active learning, metacognition, and transfer of knowledge in e-learning applications. *Journal of Educational Computing Research, 29*(3), 325-334.

Hutnh, E. (2019). *The future of education -An essay collection.* Retrieved from https://www.ippr.org/research/publications/future-of-education

Hwang, G. J., & Wu, P. H. (2012). Advancements and trends in digital game-based learning research: A review of publications in selected journals from 2001 to 2010. *British Journal of Educational Technology, 43*(1), E6-E10.

Igoe, D., Parisi, A., & Carter, B. (2013). Smart phone as tools for delivering sun-smart education to students, teaching science. *The Journal of the*

Australian Science Teachers Association, 59(1), 36-38.

Inae, K., Byungno, L. & Jungyoung, P. (2012). Explore conceptual structure and teaching and learning strategies of smart education. *Educational Research Methods, 24*(2), 283-303.

International Data Corporation. (2002). Online Distance Learning in Higher Education, 1998-2002. *Council for Higher Education Accreditation, 2*, 1-1

International Labour Organization. (2018). *The impact of technology on the quality and quantity of jobs*. Retrieved from http://www.ilo.org/wcmsp5/groups/public/---dgreports/---cabinet/documents/publication/wcms_618168.pdf

Jang, S. (2014). Study on service models of digital textbooks in cloud computing environment for smart education. *International Journal of U- & E- Service, Science & Technology, 7*(1), 73-82.

Jenkins, H., Clinton, K., Purushotma, R., Robison, J. A. & Weigel, M. (2006) *Confronting the Challenges of Participatory Culture: Media Education for the 21st Century*. MIT Press

Jeong, J. S., Kim, M., & Yoo, K. H. (2013). A content oriented smart education system based on cloud computing. *International Journal of Multimedia and Ubiquitous Engineering, 8*(6), 313-328.

Johnson, L., Adams Becker, S., Estrada, V., and Freeman, A. (2015). *NMC Horizon report: 2015 higher education edition*. The New Media Consortium.

Jurko, A. (2016). *Croatia can do better – the curricular reform story*. Retrieved from http://www.edupolicy.net/wp-content/uploads/2016/10/SS2016_Report.pdf

Kanala, S., Nousiainen, T., & Kankaanranta, M. (2013). Using a mobile application to support children's writing motivation. *Interactive Technology and Smart Education, 10*(1), 4-14.

Karsenti, T. (2019). Artificial intelligence in education: The urgent need to prepare teachers for tomorrow's schools. *Formation et profession, 27*(1), 105.

Kearsley, G. (2000). *Online Education*. Belmont, CA: Wadsworth/Thomson Learning.

Kee, C.L., & Samsudin, Z., (2014). Mobile devices: Toys or learning tools for the 21ST century teenagers? *The Turkish Online Journal of Educational Technology, 13*(3), 107-122.

Kelchtermans, G. (2009). Who I am in how I teach is the message: Self-understanding, vulnerability and reflection. *Teachers and teaching theory and practice, 15*(2), 257-272.

Khan. B. H. (1997). Web-based instruction (WBI): What is it and why is it? In B. H. Khan (Ed.), *Web-based instruction* (pp.5-18). Educational Technology.

Kim, B. H., & Oh, S.Y. (2014). A study on the smart education system based on cloud and n-screen. *American Journal of Educational Research, 15*(1), 137-143.

Kinshuk, Chen, N.-S., Cheng, I.-L., & Chew, S. W. (2016). Evolution is not enough: Revolutionizing current learning environments to smart learning environments. *International Journal of Artificial Intelligence in Education, 26*(2), 561–581.

Kirkwood, A. & Price, L. (2014). Technology-enhanced learning and teaching in higher education: what is 'enhanced' and how do we know? A critical literature reviews. *Learning, Media and Technology, 39*(1), 6-36.

Klein, J. T. (2013). The transdisciplinary moment. *Integral Review, 9*(2), 189–199.

Koffeman, A., & Snoek, M. (2018). Identifying context factors as a source for teacher professional learning. *Professional Development in Education.45*(1), 1-16.

Kriger, T. (2001). *A virtual revolution: Trend in the expansion of distance education.* Retrieved from http://www.usdla.org/html/journal/NoVolIssue/article02.html

Kyusung, N., Sunghwan, J. & Jintaek, J. (2011). An exploratory study on the concept of the smart learning and implementing conditions. *The Journal of digital police & management, 9*(2), 79-88.

Lai, K-W. (2011). Digital technology and the culture of teaching and learning in higher education. *Australasian Journal of Educational Technology, 27*(8), 1263-1275.

Lam, W. & Chua, A. (2007). Quality assurance in online education: The universit8 as 21 lobal approach. *British Journal of Educational Technology, 38*(1), 133-152.

Laurillard, L. (2008). *Digital technologies and their role in achieving our ambitions for education. Institute of Education.* University of London.

Learnovation (2009). *Inspiring young people to become lifelong learners in 2025.* Retrieved from http://menon.org.gr/wp-content/uploads/2012/10/Learnovation-Vision-Paper-1_Learning-at-School-Ages1.pdf

Leo, E. L., & Barton, L. (2006). Inclusion, diversity and leadership: Perspectives , possibilities and contradictions. *Educational Management, Administration and Leadership, 34*, 167-176.

Lorenzo, G. & Dziuban, C. (2006). *Ensuring the net generation in net savvy.*

Retrieved from http://net.educause.edu/ir/library/pdf/eli3006.pdf.

MacBeath, J. (2012). *Future of teaching professuon.* Retrieved from https://download.ei-ie.org/Docs/WebDepot/EI%20Study%20on%20the%20Future%20of%20Teaching%20Profession.pdf

Maier, A., Daniel, J., Oakes J. and Lamb, L. (2017). *Community schools as an effective school improvement strategy: A review of the evidence.* Learning Policy Institute and National Education Policy Centre.

Market Data Retrieval. (2000). *Technology in Edu-cation.* Shelton, C. T.

Maseleno, A., Sabani, N., Huda, M., Ahmad, R., Azmi Jasmi, K., & Basiron, B. (2018). Demystifying learning analytics in personalised learning. *International Journal of Engineering & Technology, 7*(3), 1124–1129.

Mason, L., Boldrin, A. & Ariasi, N. (2010). Epistemic metacognition in context: Evaluation and learning online information. *Metacognition Learning, 5,* 67-90

May, C (2014). *A Learning Secret: Don't Take Notes with a Laptop.* Retrieved from https://www.scientificamerican.com/article/a-learning-secret-don-t-take-notes-with-a-laptop/.

Mazurkiewicz (2016). *Good education as a basic right: global challenges and trends in a local context.* Retrieved from http://www.edupolicy.net/wp-content/uploads/2016/10/SS2016_Report.pdf

McKenzie, K. B., & Scheurich, J. J. (2004). Equity traps: A useful construct to preparing principals to lead schools that are successful with racially diverse students. *Educational Administration Quarterly, 40,* 601-632.

McKinsey (2017). *A future that works: Automation, employment and productivity, mckinsey global institute.* Retrieved from http://www.mckinsey.com/global-themes/digital-disruption/harnessing-automation-for-a-future-that-works

Medcof, J. W. (2017). Leadership development: Towards a more systematicapproach in technology management. *Journal of High Technology Management Research, 28* (2), 167-178.

Miller, L. C. (2012). Situating the rural teacher labor market in the broader context: A descriptive analysis ofthe market dynamics in New York state. *Journal of Research in Rural Education, 27*(13), 1-31.

Ministerie van OCW (2011). *Actieplan Leraar 2020. Een krachtig beroep!* The Hague: Ministerie van OCW.

Montenegro, C. E. Patrinos, H. A. (2014). *Comparable Estimates of Returns to Schooling Around the World.* Retrieved from https://openknowledge.worldbank.org/handle/10986/20340 License: CC BY 3.0 IGO.

Moore, M. & Thompson, M. (1990). *The effects of distance learning: A summary of literature (Research Monograph No. 2).* The Pennsylvania State University, American Center forthe Study of Distance Education.

Moore, M. (1989). *Effects of distance learning: A summary of the literature.* Office of Technical Assessment.

Morrison, T. R. (1995). Transformation and the search for a new education design. International. *Journal of lifelong Education, 14*(3),16 -41.

Morze, N. V. & Glazunova, O.G. (2017). *What should be E-learning course for smart education.* Retrieved from http://ceur-ws.org/Vol-1000/ICTERI-2013-p-411-423-MRDL.pdf

Norhasni, N.Z. (2009). Review the implementation of the smart svhools and the training of bestari teachers in Malaysia. *The Journal of International*

Social Research, 2(6), 567-574.

NUA. (2000). *Internet Surveys*. Retrieved from
http://websearch.About.com/internet/websearch/gi/dynamic/offsite.htm?site=http:/www.nua.ie/surveys/.

NUA. (2004). *Web Statistics*. Retrieved from http://websearch. About.com/
inter-
net/websearch/gi/dynamic/offsite.htm?site=http://www.nua.ie/surveys/

O'Hara, M. (2007). Strangers in a strange land: knowing, learning and
education forthe global knowledge society. *Futures, 39*, 930–41.

Organization for Economic Co-operation and Development, OECD (1996). *The
knowledge-based economy*. OECD.

Organization for Economic Co-operation and Development, OECD (2005).
Forum on educationa and social cohesion. Retrieved from
http://www.math.org.cn/forums/index.php?showtopic=38690-25k

Organization for Economic Co-operation and Development, OECD (2006).
*Assessing scientific, reading and mathematical literacy: A framework for
PISA 2006*. OECD.

Organization for Economic Cooperation and Development, OECD (2007).
Schooling for Tomorrow - The Starterpack: Futures thinking in action.
Retrieved from https://www.oecd.org/education/school/38981492.pdf

Organization for Economic Cooperation and Development, OECD (2008b).
*OECD schooling for tomorrow series- the starterpack futures thinking in
action*. Retrieved from
https://www.oecd.org/education/school/38981492.pdf

Organization for Economic Co-operation and Development, OECD (2018c). *A
brave new world: technology & education. trends shaping education*

spotlight, centre for educational research and innovation. Retrieved from
http://www.oecd.org/education/ceri/spotlights-trends-shaping-
education.htm

Organization for Economic Cooperation and Development, OECD (2012).
*Equity and Quality in Education: Supporting Disadvantaged Students and
Schools.* OECD.

Organization for Economic Cooperation and Development, OECD (2015).
Students, computers and learning: Making the connection. PISA.
Retrieved from http://dx.doi.org/10.1787/9789264239555-en

Organization for Economic Cooperation and Development, OECD (2018a).
The future of education and skills education 2030. Retrieved from
https://www.oecd.org/education/2030/E2030%20Position%20Paper%20(0
5.04.2018).pdf

Oxford Dictionaries. (2019). *Artificial intelligence.* Retrieved from
https://en.oxforddictionaries.com/definition/artificial_intelligence

Palloff, R. & Pratt, K. (1999). *Building Learning Communities in Cyberspace.*
Jossey-Bass Publishers.

Parson, T. (1970). Quality and inequality in modern society, or society
stratification revisited. In E. O. Laumann, P. M. Siegel, & R. W. Hodge
(Eds.), *The logic of social hierarchies* (pp. 13-72). Markham.

Partnership of 21st Century Learning. (2015). *P21 Framework Definitions.*
Retrieved from
http://www.p21.org/storage/documents/docs/P21_Framework_
Definitions_New_Logo_2015.pdf

Pastor, R. R., & Quirós, C. T. (2015). *Learning and teaching technology
options. EPRS, European Parliament.* https://doi.org/10.2861/6894

Patrick, W. (2010). *Recognising non-formal and informal learning outcomes, policies and practices: Outcomes, policies and practices.* OECD.

Peng, H., Ma, S., & Spector, J. M. (2019). *Foundations and trends in smart learning. proceedings of 2019 international conference on smart learning environments.* Retrieved from https://www.worldcat.org/oclc/1090447802

Phan, H. P. (2009). Amalgamation of future time orientation, epistemological beliefs, achievement goals and study strategies: Empirical evidence. *British Journal of Educational Psychology, 79*(1), 155-173.

Potter, J. & McDougall, J. (2017). *Digital Media, Culture and Education.* Palgrave Macmillan/Springer

Prensky, M. (2001). Digital natives, digital immigrant. *NCB University Press, 9*(5), 1-6.

Psacharopoulos, G. (1994). Returns to investment in education: A global update. *World development, 22*(9), 1325-1343.

Psacharopoulos, G. (1995). *The profitability of investment in education: concepts and methods.* World Bank.

Rat für kulturelle Bildung. (2019). *Jugend/Youtube/Kulturelle Bildung. Horizont 2019.* Retrieved from https://www.rat-kulturelle-bildung.de/publikationen/studien/#c660

Redecker, C., Ala-Mutka, K., Leis, M., Leendertse, M., Punie, Y., Gijsbers, G., Kirschner, P., Stoyanov, S., & Hoogveld, B. (2010). *The future of learning: New ways to learn new skills for future jobs – results from an online expert consultation. JRC technical notes. luxembourg, office for official publications of the european communities.* Retrieved from http://ftp.jrc.es/EURdoc/ JRC60869_TN.pdf

Redecker, C., Ala-Mutka, K., Leis, M., Leendertse, M., Punie, Y., Gijsbers, G.,

Kirschner, P., Stoyanov, S., & Hoogveld, B. (2011). *The future of learning: preparing for change. luxembourg, publications office of the European union*. Retrieved from http:// ftp.jrc.es/ EURdoc/JRC66836.pdf

Redmond, P. (2011). From face-to-face teaching to online teaching: Pedagogical transitions. In G. Williams, P. Statham, N. Brown & B. Cleland (Eds.), *Changing Demands, Changing Directions* (pp. 1050-1060). ASCILITE Hobart.

Resnick, M. (2002). Rethinking learning in the digital age. In G. Kirkman (Ed), *The global information technology report: readiness for the networked world* (pp. 32-37). Oxford University Press.

Robbins, M. (2014). *Building the future of education.* Retrieved from https://www.aam-us.org/wp-content/uploads/2017/12/Building-the-Future-of-Education.pdf

Robertson, S. L. (2010). *Challenges facing universities in a globalising world, published by the centre for globalisation, education and societies.* Retrieved from https://susanleerobertson.files.wordpress.com/2012/07/2010-robertson-challenges.pdf

Robinson, L. (2019). *The only way is forwards: The ned for bold leadership in troubling times.* Retrieved from https://apo.org.au/sites/default/files/resource-files/2019-09/apo-nid262046_1.pdf

Roth, M. (2016). *Managing change and uncertainty: Education for the future.* Retrieved from http://www.edupolicy.net/wp-content/uploads/2016/10/SS2016_Report.pdf

Rothman, R. (2007). *City schools: How districts and communities can create smart education system*. Cambridge: Harvard press.

Saavedra, A. & Opfer, V. (2012). *Teaching and Learning 21st Century Skills: Lessons from the Learning Sciences. A Global Cities Education Network Report*. Asia Society.

Sanborn, R., Smith, J. Thoman, k. & MacNamara. (2005). Four scenarios for the future of education. *The Futurist, 39*(2), 26-30.

Sanghyun, J. (2010). A study on the strategies for improving the accessibility of the Korea Digital Textbook based UDL guideline. *The Journal of Korea association of computer education, 12*(3), 65-75.

Sawyer, R. K. (2006). Educating for innovation. *Thinking Skills and Creativity, 1*, 41-48.

Schleicher, A., (2011). *Building a high-quality teaching profession. lessons from around the world. organisation for economic co-operation and development*. Retrieved from http://www.oecd.org/dataoecd/62/8/4706177.pdf.

Schrum, L. & Hong, S. (2002). Dimensions and strategies for online success: Voices from experienced educators. *Journal of Asynchronous Learning Network, 6*(1), 57-67.

Shieh, R. S., Chang, S.-L., & Liu, E. Z.-F. (2011). A case study of low-status women's attitudes towards computers. *Educational Studies, 37*(2), 233-243.

Shoho, A. R., Merchant, B. M., & Lugg, C. A. (2005). Social justice: Seeking a common language. In F. English (Ed.), *The Sage handbook of educational leadership* (pp. 47-67). Sage.

Sidorkin, A. (2009). *Labor of learning: market and the next generation of educational reform*. Sense Publishers.

Siemens, G., Gasevic, D., & Dawson, S. (2015). *Preparing for the Digital Age: A Review of the history, and current state of distance, blended and online learning*. Retrieved from: http://linkresearchlab.org/PreparingDigitalUniversity.pdf

Sledge, L., & Fishman, T.D. (2014). *Reimagining Higher Education: How colleges, universities, businesses and governments can prepare for life long learning*. Retrieved from http://dupress.com/articles/reimagining-higher-education/

Southern Regional Electronic Campus, SREB. (2000). *Principals of good practice*. Retrieved from http://www.srec.sreb.org/   stud-ent/srecinfo/principals/principals.html.

Spector, J. M. (2014). *Conceptualizing the emerging field of smart learning environments*. Retrieved from https://doi.org/10.1186/s40561-014-0002-7

State of Israel Ministry of Education R&D, Initiatives and Experiments Division (2016). *Future-oriented pedagogy from trends to actions – A flow chart*. Retrieved from https://meyda.education.gov.il/files/Nisuyim/Future_Oriented_Pedagogy.pdf

Strømsφ, H. I., & Bråten , I. (2010). The role of personal epistemology in the self- regulation of internet-based learning. *Mecoginition Learning, 5*, 91-111.

Sykes, E. R. (2014). New methods of mobile computing: From smartphone to smart education. Tech Trends: Linking. *Research and Practice to Improve Learning. 58*(3), 26-37.

Tagg, J. (2003). *The learning paradigm college*. Bolton: MA: Anker.

Thach, E. C. & Murphy, K. L. (1995). Competencies for distance education professionals. *Educa-tional Technplpgy Research and Development,43*(1), 57-79.

The Council for Higher Educa-tion Accreditation, CHEA. (2001). *New Orleans*. Retrieved from http://www.chea.org/international/barblan.htm

The Foundation for Young Australians (2017). *The New Work Smarts: thriving in the new work order*. Retrieved from https://www.fya.org.au/wp-

The United States Network for Education Information, USNEI. (2001). *Accreditation described*. Retrieved from http://www.ed.gov/NLE/ USNEI/us/accred-whatis.html.

Theoharis, G. T. (2004). *Toward a theory of social justice educational leadership*. Paper presented at the University Council of Educational Administration. Kansas City, MO.

Thomas, M. D., & Bainbridge, W. L. (2002). *Shiring the glory: Educational leadership in the future will emanate not from positions, but from knowlege, wisdom, the ability to persuade and a personal commitment to fairness and justice -education*. Retrieved from http://findarticles.com/p/practice/mi_moHUL/is_3_31/ai_82092508

Tikhomirov, N.V. (2012). *Global for atrategy for the devdlopment of smart-society*. Retrieved from http://smartmesi.blogspot.com/2012/03/smart-smart.html

Toffler, A. (1970). *Future Shock*. Random House.

Tsai, Y. H., Lin, C. H., Hong, J. C., & Tai, K. H. (2018). The effects of metacognition on online learning interest and continuance to learn with MOOCs. *Computers & Education, 121,* 18-29.

Tuomi, I. (2007). Learning in the age of networked intelligence. *European*

Journal of Education, 42(2), 235-254.

Tuomi, I. (2018). *The impact of artificial intelligence on learning, teaching, and education: Policies for the future.* Retrieved from https://doi.org/10.2760/12297

Tweddle, S. (1993). The future curriculum and information technology. *Journal of Information Technology for Teacher Education, 2*(1), 105-11.

U.S. Department of Education (2011). *Our Future, our teachers: The obama administration's plan for teacher education reform and improvement.* Washington D.C.: U.S. Department of Education.

United Nations Education Scientific and Cultural Organization, UNESCO. (2013). *Policy Guidelines for Mobile Learning.* UNESCO.

United Nations Education Scientific and Cultural Organization, UNESCO (2014). *Reading in the Mobile Era: A Study of Mobile Reading in Developing Countries.* UNESCO.

Vaikutytė-Paškauskė, J., Vaičiukynaitė, J., & Pocius, D. (2018). *Research for CULT Committee - Digital skills in the 21st century.* Retrieved from http://www.europarl.europa.eu/thinktank/en/document.html?reference=IPOL_STU(2018)617495

Vaughan, M. (2000). *Summary of quality issues in distance education. Center for Excellence in Distance Learning.* Retrieved from http://www.lucent.com/cedl/sumqual.html.

Vuorikari, R. (2019). *Innovating professional development in compulsory education: An analysis of practices aimed at improving teaching and learning.* European Commission.

Web-Based Education Commission. (2000). *The Power of Internet for Learning.* Washington, DC: U. S. Department of Education.

Webster, M. D. (2017). Philosophy of technology assumptions in educational technology leadership. *Educational Technology & Society, 20* (1), 25-36.

Weldon, P. (2015) *The teacher workforce in australia: Supply, demand and data issues*. Retrieved from https://www.education.act.gov.au/__data/assets/pdf_file/0010/1274347/Future-Of-Education-Research-Report_FINAL.pdf

Wellings, P. A. (2013) *Smarter Australia: An agenda for Australian higher education 2013 – 2016*. Universities Australia, Canberra.

Williams, P. E. (2000). *Defining Distance Education Roles and Competencies for Higher Education Institutions: A Computer-Mediated Delphi Study* (Unpublished dissertation). Texas A. & M. University, College Station.

Williams, R. J. (1967). *You are extraordinary*. Random House.

Williamson, B. (2013). *The future of the curriculum: school knowledge in the digital age*. Retrieved from https://direct.mit.edu/books/book/3699/The-Future-of-the-CurriculumSchool-Knowledge-in

Williamson, B. (2016). Digital education governance: Data visualization, predictive analytics, and 'real-time' policy instruments. *Journal of Education Policy, 31*(2), 123-141.

Word Economic Forum (2020). *Schools of the future defining new models of education for the fourth industrial revolution*. Retrieved from http://www3.weforum.org/docs/WEF_Schools_of_the_Future_Report_2019.pdf

World Bank (2018). *World development report 2018: Learning – to realize education's promise*. Retrieved from http://hdl.handle.net/10986/28340 (Not yet used in text)

World Bank. (2013). *World development report 2014: Risk and opportunity -*

managing risk for development. World Bank.

Yelland, N. & Tsembas, S. (2008). *E-Learning: issues of pedagogy in practice for the information age.* Retrieved from
http://ro.uow.edu.au/cgi/viewcontent.cgi?article=1039&context=edupaper
s

Yorulmaz, A., & Can, S. (2016). The technology leadership competencies of elementary and secondary school directors. *Educational Policy Analysis and Strategic Research, 11*(1), 47-61.

You Tube. (2007). *Did you know?* Retrieved from
http://www.youtube.com/watch?v=xj9Wt9G--JY

Young, M. (1998). *The curriculum of the future: from the new sociology of education to a critical theory of learning.* Routledge Falmer.

國家圖書館出版品預行編目(CIP)資料

未來教育.教育未來/蔡金田著. -- 初版. -- 臺北
市：元華文創股份有限公司,2021.10
面；　公分

ISBN 978-957-711-230-9(平裝)

1.未來教育

520　　　　　　　　　　　　　110015416

未來教育・教育未來

蔡金田 著

發 行 人：賴洋助
出 版 者：元華文創股份有限公司
聯絡地址：100 臺北市中正區重慶南路二段 51 號 5 樓
公司地址：新竹縣竹北市台元一街 8 號 5 樓之 7
電　　話：(02) 2351-1607
傳　　真：(02) 2351-1549
網　　址：www.eculture.com.tw
E-mail：service@eculture.com.tw
出版年月：2021 年 10 月 初版
定　　價：新臺幣 370 元

ISBN：978-957-711-230-9 (平裝)

總經銷：聯合發行股份有限公司
地　　址：231 新北市新店區寶橋路 235 巷 6 弄 6 號 4F
電　話：(02)2917-8022　　　　傳　真：(02)2915-6275